„Man reist ja nicht, um anzukommen ..."

LAMBERT SCHNEIDER

Am besten lesen.   **Am besten lesen.**   *Am besten lesen.*

Michael Rieger

„Man reist ja nicht, um anzukommen …"

Schriftsteller auf Reisen von
Goethe bis Chatwin

Quando queres viajar assegura-te que
tens uma boa companheira

Für Marlene Campina

Die Deutsche Nationalbibliothek verzeichnet diese Publikation in der
Deutschen Nationalbibliografie; detaillierte bibliografische Daten sind im Internet über
http://dnb.d-nb.de abrufbar.

Der Lambert Schneider Verlag ist ein Imprint der WBG
(Wissenschaftliche Buchgesellschaft), Darmstadt.
© 2011 by Lambert Schneider Verlag, Darmstadt
Die Herausgabe des Werkes wurde durch
die Vereinsmitglieder der WBG ermöglicht.
Einbandgestaltung: Peter Lohse, Heppenheim
Einbandabbildung: New York, Hafenansicht. Farbholzstich nach einem Gemälde von
Willy Stöwer, 1890 (Ausschnitt). © akg-images.
Satz: Jung Crossmedia Publishing GmbH, Lahnau
Printed in Germany

Besuchen Sie uns im Internet: www.lambertschneider.de

ISBN 978-3-650-23975-4

Inhalt

Vorbemerkung

Reisen, so banal es klingt, können einen sehr unterschiedlichen Charakter besitzen. Denken wir nur an ihre Länge: So dauerte Hemingways erste Reise nach Afrika nur einige Monate, während Tania Blixen insgesamt siebzehn Jahre auf diesem Kontinent verbrachte. Kann man bei siebzehn Jahren noch von einer Reise sprechen ...? Peter Handke reiste einmal um die Welt, kreuz und quer, nach Slowenien, Japan, Alaska, Portugal. Nicht ganz so Rabindranath Tagore, der sich zwar zunächst in England umsah, dann aber für Jahrzehnte tief ins ländliche Indien reiste, um danach jedoch die gesamte Welt zu umkreisen.

Bei all diesen Bedingungen und Umständen handelt es sich nicht nur um Äußerlichkeiten, sondern um grundlegende Strukturen, welche die jeweiligen Reisen prägen und damit auch – und das bringt uns zum eigentlichen Thema, um das es hier geht – ihre literarische Gestaltung.

Goethes Satz „Man reist ja nicht, um anzukommen, sondern um zu reisen" verweist darauf, dass das Reisen nicht als gradlinige Bewegung zu verstehen ist, nicht als Bahnfahrt von A nach B. Reisen ist Unterwegssein, Erkundung bisher nicht gekannter Orte und Welten. Und die Frage lautet, *wie* sich diese neuen Er-Fahrungen und Wahrnehmungen auf das Schreiben der jeweiligen Autorinnen und Autoren ausgewirkt haben, auf einzelne Texte und auf das Gesamtwerk.

„Man reist ja nicht, um anzukommen, sondern um zu schreiben" – so könnte eine mögliche Übersetzung des Satzes auch lauten. Das Schreiben ist der nachvollziehbar gemachte, künstlerische Prozess, in dem die Orte und ihre Menschen für uns Leserinnen und Leser sichtbar werden. Während sich Heine am liebsten bissig von seinen Landsleuten und Zeitgenossen distanzierte, während Hemingway „sein Afrika" als Gegenbild zu „seinem Amerika" entwickelt hat, reiste Hubert Fichte, „um vielleicht eine andere Mentalität kennen zu lernen", um Menschen zu verstehen, die anders denken, sich anders verhalten, anders sind als man selbst. Und diese unterschiedlichen Haltungen haben unterschiedliche literarische Verarbeitungen ermöglicht.

Jeder der hier vorgestellten Autoren, wie Goethe, Tagore, Blixen, Chatwin, ist ein Kosmos für sich, auch B. Traven, in dessen Werk sich so viele unterschiedliche Stränge miteinander verbinden, vom Anarchismus über die Rasse-Theorien seiner Zeit bis hin zu den Befreiungsbewegungen in der „Dritten Welt". Und Tagores Reisen können nicht verstanden werden ohne die Bedingung der britischen Kolonialherrschaft in Indien. Um die einzelnen Reisen nachvollziehen zu können, müssen ihre jeweiligen Hintergründe aufgehellt werden, ihre historischen Epochen, ihre kulturellen und ästhetischen Kontexte mitgedacht und mitskizziert werden. Herder, Hemingway, Handke und die anderen sind durch ihre Geschichte gereist und haben darin ihre literarischen Spuren hinterlassen. Diese Spuren sollen im Folgenden gelesen werden.

Ich danke Dr. Carsten Mindt für frühe Anregungen und Ideen, Mechthild und Joachim Rieger für ihre kritische Erstlektüre.

Zitate werden direkt im Text kenntlich gemacht, sonstige Quellen und benachbarte Texte im Literaturverzeichnis genannt. Bei den Zitaten sind Auslassungen mit (...) und Einfügungen mit [...] gekennzeichnet worden. Vorziehen oder Zurückstellen des Prädikats und grammatische Anpassungen wurden gelegentlich stillschweigend vorgenommen, um den Lesefluss zu verbessern. Aus gleichem Grund wurde das „ß" in entsprechenden Fällen an die moderne Rechtschreibung zum „ss" hin angepasst. Alternative Anführungszeichen wie «...» wurden konsequent in „..." umgewandelt. Weitere orthographische Anpassungen habe ich nicht vorgenommen.

Hamburg, Juni 2011   *Michael Rieger*

I. Aufgeklärte und empfindsame Reisen

„Mein unstetes Wanderleben" – Europareise mit Giacomo Casanova

Nach endlosen Reisen durch Italien, Frankreich, Deutschland, Österreich, England, Russland, Polen, Spanien und die Schweiz kam Giacomo Casanova im September 1785 nach Dux, einem Städtchen in der böhmischen Provinz, nahe Sachsen gelegen und etwa 100 Kilometer nördlich von Prag. Josef Karl Graf von Waldstein hatte dem schon etwas heruntergekommenen Weltenbummler hier eine Stelle als Bibliothekar angeboten. Die Bibliothek mit ihren beeindruckenden vierzigtausend Büchern war auch so ziemlich das einzige, was Casanova an diesem Ort interessierte, aber er durfte nicht wählerisch sein, hatte er doch keine andere Stelle finden können.

In dieser Umgebung ging seine Odyssee quer durch Europa zu Ende, hier starb Casanova dreizehn Jahre später 1798.

Wäre er nicht nach Dux gegangen, wüssten wir heute wahrscheinlich so gut wie nichts mehr von ihm. Denn die dort herrschende Monotonie und Langeweile zwangen den Venezianer geradezu zum Schreiben. Nicht, dass er nicht vorher auch schon reichlich geschrieben hätte, aber das waren doch eher kleinere Werke gewesen, Stücke, Gedichte und historische Arbeiten. Die Verwaltung der Bibliothek des Grafen ließ ihm Zeit genug für andere Ideen, die ihm schon seit geraumer Zeit im Kopf herumschwebten. Seit einigen Jahren beschäftigte er sich mit einem utopisch-phantastischen Roman. Mit ihm hoffte er, auf seine alten Tage endlich als der große Schriftsteller anerkannt zu werden, für den er sich längst hielt, in einer Reihe stehend mit den großen Namen seiner Zeit, Goethe und Voltaire.

Und so machte er sich in Dux an die Abfassung des Romans *Eduard und Elisabeth oder Reise in das Innere unseres Erdballs*. Der Originaltitel hatte noch mehr zu bieten: *Ikosameron oder Geschichte von Eduard und Elisabeth, die einundachtzig Jahre bei den Megamikren, den Ureinwohnern des Protokosmos im Inneren unserer Erdkugel verbrachten*. Schon im Titel mit Wissen und Halbwissen zu prunken, gehörte zum guten Ton der Zeit. Indem er ein phantastisches Sujet wählte, das zunächst überraschen mag, hatte Casanova die Möglichkeit, hemmungslos drauflos zu fabulieren, über eine andere Welt, „ein neues menschliches Geschlecht, ein neues Gesetzbuch, eine gute Religion, eine andere Art und Weise der Ernährung, des Wohnens, des Zusammenlebens, der Fortpflanzung". So konnte er alles ausschütten und hineinpacken, was ihn interessierte, faszinierte und wovon er Ahnung hatte oder auch nicht.

Der Inhalt lässt sich kurz zusammenfassen: Das Geschwisterpaar Eduard und Elisabeth stürzt beim Untergang eines Schiffes ins Innere der Erde, sie landen in der Welt der Megamikren, wo sie die nächsten 81 Jahre verbringen, ohne zu altern, bis sie schließlich wieder in ihre Welt zurückkehren.

Der Roman liefert in jeder Hinsicht ein unverstelltes Spiegelbild seines Verfassers. Der Anspruch, damit die Welt der Literatur erobern zu wollen, ist nichts anderes als eine völlige Selbstüberschätzung. Mit einem Umfang von 1.800 Seiten in 5 Bänden ist es ein monströses Werk und spiegelt darin Casanovas Maßlosigkeit, der dem eigentlichen Text auch noch eine lähmende, ellenlange Bibelexegese voranstellen musste, um seine Gelehrsamkeit unter Beweis zu stellen. Dieses Ausstellen der Belesenheit wendet sich aber gegen den Verfasser, ist vieles doch nur pseudowissenschaftlicher, widersprüchlicher Brokat. Aber darin wird noch ein anderer Zug deutlich. Erich Loos, der Herausgeber der deutschen Ausgabe, nennt Casanova einen Sophisten, aber man könnte ihn auch ebenso gut als Erbsenzähler, als haarspalterischen Besserwisser bezeichnen, der sich in unwesentlichen Details verliert und vor allem in überflüssigen Beschreibungen. „Als wir die Einrichtung zu untersuchen begannen, erlösche die Kerze. Ich zündete sie wieder an, doch sie ging erneut aus. Dann machte uns ein kalter, sehr unangenehmer Schweißausbruch zu schaffen, acht oder zehn Minuten später ein plötzliches Herzklopfen (...).“ Welcher Leser möchte wissen, dass die Kerze *zweimal* erlosch? Ist es wirklich von Belang, dass *acht oder zehn* Minuten später das Herzklopfen einsetzte? Es werden also keinesfalls neun Minuten gewesen sein. An solchen Kleinigkeiten lässt sich zeigen, wie sehr Casanova letztlich die literarische Ökonomie fehlte. Diesen Mangel wollte er verstecken, indem er seine Texte mit scheinbarer Genauigkeit, mit zahllosen Details und Umständlichkeiten aufblies.

Und doch wäre es ungerecht, den Roman damit einfach zu erledigen. Das Maßlose und Ungelenke darf den Blick nicht verstellen auf die enorme Imaginationskraft, mit der Casanova eine alternative Welt erschaffen hat und technische Entwicklungen voraussah. Der Norweger

Der späte Casanova um 1788,
zur Zeit der Veröffentlichung des *Ikosameron*

Ludwig Holberg hatte schon 1741 *Niels Klims unterirdische Reise* veröffentlicht, aber von Casanovas Roman waren es noch 75 Jahre bis zu Jules Vernes *Reise zum Mittelpunkt der Erde*, bis zur eigentlichen Begründung der phantastischen Science-Fiction-Literatur. Damit lag Casanovas Buch einigermaßen quer zu seiner eigenen Zeit und fiel schnell dem Vergessen anheim.

Unterm Strich kann es niemanden ernsthaft wundern, dass der Roman keine Leser fand. Die 156 Subskribenten, von denen Loos spricht, haben es mit ziemlicher Sicherheit auch nicht geschafft, alle Bände bis zum Ende durchzulesen. Die Erklärung, dass dem Publikum mit dem Ausbruch der Französischen Revolution nicht der Sinn nach einem so merkwürdigen Text stand, überzeugt jedoch nicht wirklich. Casanova hätte Leser gefunden, wenn der Text denn etwas getaugt hätte.

So saß er 1788/89 in Dux, auf einem Berg von Roman, den kein Mensch lesen konnte und wollte und langweilte sich. Sein Wunsch, mit dem *Reise*-Roman in den Olymp der europäischen *hommes de lettres* aufzusteigen, hatte sich nicht erfüllt. Das Desaster veranlasste ihn dazu, wieder zu dem Material zurückzukehren, das er am besten beherrschte, das Material seines eigenen Lebens.

Indem er sich von der phantastischen Literatur aufs Dokumentarische, Realistische verlegte, wo ihm sein Hang zur peniblen Kleinigkeit nicht im Weg stand, sondern sogar nützlich war, schuf Casanova zwischen 1790 und 1798 seine eigentliche Großtat der Weltliteratur, ein Reisebuch besonderer Art, die berühmte *Geschichte meines Lebens*.

Er konnte sich bei der Niederschrift auf Tagebücher stützen, was ihm ermöglichte, viele Details von Situationen, die schon Jahrzehnte zurücklagen, mithilfe eigener Aufzeichnungen zu vergegenwärtigen. Daher beeindrucken die Geschichten und die zahllosen Gespräche auch heute noch durch ihre Frische und ihren authentischen Charakter.

Der Name „Casanova" löst zunächst nur wenige Assoziationen an böhmische Dörfer und unlesbare phantastische Romane aus. Man denkt an Affären, Verführungen und Bettgeschichten. Diese endlose Reihe von Liebesabenteuern, die Casanovas Leben prägte, hätte es aber nicht gegeben, wenn er immer an ein und demselben Ort, etwa immer in Venedig, geblieben wäre, wo er 1725 geboren wurde. Liest man die Schauplätze der Affären, ergibt sich eine bunte Reise durch Europa, von Venedig über Rom, Konstantinopel, Paris, Wien, Marseille, Genua, nach London, Berlin, St. Petersburg, Warschau, Madrid, Barcelona, Florenz. Casanova ist nicht einfach oft gereist, er hat nicht mehr oder weniger lange Reisen unternommen, nein, die Geschichte seines Lebens *ist* eine einzige Reise.

Im Gespräch mit Voltaire erläuterte Casanova zweimal seine Beziehung zum Reisen; es heißt zunächst: „Ich habe meine Freude daran, auf meinen Reisen den Menschen zu studieren." Und ein paar Sätze später: „Das Studium der Welt im Umherreisen (...) macht mir Vergnügen."

Freude und Vergnügen sind nicht Sinn und Zweck seiner Reisen, sondern sehr willkommene Begleiterscheinungen – aber Reisen ist vor allem ein „Studium der Welt", eine bestimmte Form, die Welt zu sehen, kennenzulernen und zu erfahren, wie sie wirklich ist. Damit setzt sich Casanova, ob bewusst oder unbewusst, in einen deutlichen Gegensatz zu anderen Formen des Studiums, besonders zu den professionellen Wissenschaften, die er, der Dilettant, ganz wie seine Nachfahren Hubert Fichte und Bruce Chatwin, einerseits bewundert und andererseits verlacht. Die Studierstube war nicht der Ort, an dem Casanova es lange ausgehalten hat.

Und wie steht es mit den Nebeneffekten dieses Studiums, mit Freude und Vergnügen? Nur in der ständigen Bewegung war es ihm möglich, seiner größten Leidenschaft nachzugehen, Frauen zu betören und zu verführen, sich in sie zu verlieben und mit ihnen zu spielen, von der einen zur anderen zu ziehen, von Vergnügen zu Vergnügen. Das Studium der Welt und das Studium der Frauen gehen also mühelos Hand in Hand.

Aber dadurch könnte der Eindruck entstehen, Casanova sei immer munter und entspannt von hier nach dort, von dieser zu jener Geliebten gereist, sei seinen Launen gefolgt, wenn es ihn wieder fortzog. Das ist auch nicht ganz falsch – aber Casanovas Reisen sind vielfach regelrechte Fluchten im existenziellen Wortsinn und folgen nicht selten dem Scheitern und der schieren Not. Mit Ende 40 war er „des unsteten Wanderlebens durch Europa müde" – grenzenlose Begeisterung klingt anders. Da lagen noch mehr als 10 Jahre mit weiteren Reisen vor ihm, bevor er in Dux zur Ruhe kommen konnte.

1745 hatte Casanova Rom verlassen müssen, über die eigentlichen Ursachen gibt es mehrere Versionen. Hatte er einer von der Polizei gesuchten Frau geholfen, sich zu verstecken, oder aber „dem Neffen des Papstes die Geliebte" ausgespannt, wie ein Freund von ihm behauptete? 1749 verließ er Venedig, wohl auch, weil er einer Frau die Ehe versprochen hatte, davon aber nichts mehr wissen wollte. Im August 1750 kam Casanova nach Paris, in die Hauptstadt der Welt. Schon auf dem Weg dorthin erhielt er noch in der Postkutsche eine wichtige Lektion:

> *„Sie müssen das Wörtchen ‚non', das Sie ohne Erbarmen kreuz und quer verwenden, aufgeben und vergessen. ‚Non' ist kein französisches Wort. Sagen Sie ‚pardon', das kommt aufs gleiche heraus und beleidigt nicht. Mit ‚non' strafen Sie jemanden Lügen. Legen Sie es ab, oder machen Sie sich darauf gefasst, in Paris an jeder Ecke den Degen zu ziehen."*
> *„Vielen Dank, ich verspreche Ihnen, nie mehr ‚non' zu sagen."*

Mit ihrem Pomp, der Freizügigkeit und dem kulturellen Reichtum entsprach die Stadt zweifellos Casanovas Wunschvorstellungen. Vor allem das Theater hatte es dem Schauspielerspross sehr angetan. Er lernte auch gleich nicht nur den berühmten Dramatiker Crébillon kennen – „Ich ging ein ganzes Jahr hindurch dreimal wöchentlich zu Crébillon und lernte bei ihm das ganze Französisch, das ich beherrsche" –, sondern auch Fontenelle und d'Alembert, umfassend gebildete, erstrangige Vertreter der französischen Aufklärung. Dass sich mit ihren neuen Ideen etwas Grundlegendes in der französischen Gesellschaft verändern würde, wurde Casanova bereits zu dieser Zeit von einem Freund angedeutet, der ihm einen Vorgeschmack auf die Französische Revolution gab:

> *„Alles was in Frankreich geschieht, lässt den Fremden glauben, dass das Volk seinen König verehrt; wer von uns aber nachdenkt, erkennt bald, dass die Liebe des Volkes für den Monarchen nur falscher Glanz ist. Was kann man auf einer Liebe gründen, die keine Grundlage hat? Der Hof verlässt sich nicht darauf. Der König kommt nach Paris, und alles schreit ‚Es lebe der König‘, weil irgendein Nichtstuer damit angefangen hat. Es ist ein Ruf aus Fröhlichkeit, vielleicht auch aus Furcht, den der König selbst, Sie können es mir glauben, niemals für bare Münze nimmt. Er hat es eilig, nach Versailles zurückzukehren, wo fünfundzwanzigtausend Mann bereitstehen, ihn vor der Wut des gleichen Volkes zu schützen, das, einmal klüger geworden, auf die Idee kommen könnte, zu schreien ‚Tod dem König‘."*

Da sich Casanova, wie versprochen, schnell abgewöhnt hatte, „non" zu sagen, hatte er eine Frau geschwängert und sah sich nun mit einem von ihrer Mutter verständigten Kommissar konfrontiert, der ihn strafrechtlich belangen wollte. Der Beschuldigte stritt nicht ab, seinen Spaß mit der Tochter gehabt zu haben, zog aber in Zweifel, dass nur er als Vater in Frage komme. Tatsächlich entging er einer möglichen Strafe. Diese kleine Geschichte, die andeutet, dass Casanova sich nicht selten auf dünnem Eis bewegte, war aber nicht der Grund, warum er Paris verließ, vielmehr erlebte sein ebenfalls nach Paris gekommener Bruder als Maler eine herbe Enttäuschung und entschloss sich, die Stadt zu verlassen. Casanova ging mit ihm. Aber das Kapitel Paris war für ihn noch nicht beendet und die prophetischen Worte seines Freundes sollten sich bald erfüllen:

> *Als ich (…) zum zweitenmal nach Paris kam, freute ich mich sehr auf ein Wiedersehen mit Fontenelle; aber er starb zwei Wochen nach meiner Ankunft zu Beginn des Jahres 1757.*
>
> *Als ich zum dritten Mal nach Paris zurückkehrte, mit der Absicht bis zu meinem Tode dort zu bleiben, zählte ich auf die Freundschaft von Monsieur d'Alembert; aber er starb vierzehn Tage nach meiner*

Ankunft gegen Ende des Jahres 1783. Ich werde weder Paris noch Frankreich je wiedersehen; ich scheue allzusehr den Hinrichtungseifer eines entfesselten Volkes.

Aufgrund seines Lebenswandels und der freizügigen Ansichten, mit denen er nicht hinterm Berg hielt, wurde Casanova, wieder zurück in Italien, von der venezianischen Inquisition überwacht. In einem nicht weiter erwähnenswerten Gedicht hatte er sich „gegen die heilige Religion" vergangen, woraufhin er im Juli 1755 verhaftet wurde: „Es ist eigenartig, dass man in London, wo jedermann tapfer ist, nur einen einzigen Mann braucht, um einen anderen festzunehmen, und dass man in meinem lieben Heimatlande, wo man eher feige ist, dreißig nötig hat." Man warf ihn in die *piombi*, die Bleikammern des Dogenpalastes, das berüchtigte Gefängnis, unter dessen Bleidächern sich die Hitze bis zur Unerträglichkeit anstauen konnte. Ohne zu wissen, worum es überhaupt ging, ohne Verhandlung und ohne Kenntnis eines Urteils fand sich Casanova in einer winzigen, vergitterten Zelle nahe einem Dachboden mit „Ratten groß wie Hasen".

Die unbeschreibliche Hitze und die Entkräftung infolge des Mangels an Nahrung hatten mich erschöpft. Es war die Zeit der drückendsten Hundstage. Durch die Kraft der Sonnenstrahlen, die auf das bleigedeckte Dach meines Gefängnisses niederbrannten, war ich wie in einem Schwitzbad; der Schweiß, der durch meine Haut drang, rieselte auf den Fußboden rechts und links von meinem Lehnstuhl, in dem ich ganz nackt saß.
Die ersten vierzehn Tage, die ich dort war, hatte ich keinen Stuhlgang gehabt. Als er nun kam, glaubte ich, vor unvorstellbaren Schmerzen zu sterben. Sie kamen von inneren Hämorrhoiden. Hier habe ich mir diese qualvolle Krankheit zugezogen, von der ich nicht mehr genesen bin (…).

Seine Situation kam einer Folter gleich, sein Körper war entkräftet und wurde von Fieber geschüttelt. Dieses Martyrium währte etwa 16 Monate: Im November 1756 gelang ihm die Flucht – die er drei Jahrzehnte nach den Ereignissen ebenfalls in Dux anschaulich beschrieben hat.

Ich blickte nun hinter mich den ganzen schönen Kanal entlang; als ich kein einziges Boot entdeckte, den prachtvollsten Tag sah, den man sich nur wünschen konnte, die ersten Strahlen eines herrlichen Sonnen-

*aufgangs, die beiden jungen Gondolieri, die kraftvoll dahinruderten,
und dabei an die grauenvolle Nacht dachte, die ich hinter mir hatte,
an den Ort, an dem ich tags zuvor gewesen war, und an das Zusam-
mentreffen so vieler glücklicher Umstände, da durchströmte ein Gefühl meine Seele, das sie zu GOTT erhob, in mir die Saiten der Dank-
barkeit zum Klingen brachte und mich mit solcher Macht rührte, dass
die Tränen sich plötzlich freie Bahn brachen, um das Herz zu erleich-
tern, das am Übermaß der Freude zu ersticken drohte.*

Natürlich musste er Venedig so schnell wie möglich hinter sich lassen.
Er sah seine Heimat erst 1774 wieder.

Nach dieser sensationellen Flucht reiste Casanova bald wieder nach
Paris. Hier zog er eine Lotterie auf, wurde reich, profitierte von seiner
schon länger bestehenden Freundschaft mit dem kurzzeitigen Außen-
minister de Bernis, reiste in Regierungsgeschäften nach Holland, vergnügte sich mit der Nichte der großen Unbekannten Madame XXX, war
in den Salons der Aristokratie zu Hause und fand sich zu guter Letzt doch
wieder vor Gericht. Zunächst wurde er beschuldigt, sich mit Waffen-
gewalt und in Begleitung einer schwangeren Frau Mittel für eine Abtrei-
bung beschafft haben zu wollen. Diese Anschuldigungen verschwanden
so schnell, wie sie gekommen waren. Und doch scheint Casanova durch
seinen Lebenswandel Komplikationen geradezu angezogen zu haben.
„Ich führte das Leben eines Glücklichen, aber ich war nicht glücklich.
Mein großer Aufwand ließ mich Unannehmlichkeiten voraussehen.“
Und diese Unannehmlichkeiten ließen nicht lange auf sich warten. Mittlerweile hatte Casanova eine Seidenmanufaktur eröffnet, er verkaufte
Anteile an der Firma, doch zeitgleich wurde ihm das Lager ausgeräumt.
Als dann das Geld für die Anteile zurückgefordert wurde, kam es zu
einem Prozess. Zunächst weigerte sich Casanova, die in Rede stehende
Summe zurückzuzahlen, und landete vorübergehend im Gefängnis.
Schließlich zahlte er doch. Nachdem er derart übers Ohr gehauen wor-
den war, hatte er erst einmal eine Weile die Nase voll von Paris.

In London gestaltete sich die Lage ebenfalls kompliziert. Von einer
Prostituierten ausgenommen, nutzte er nun seinerseits die Notlage einer
verarmten Frau aus Hannover aus, der Casanova erst dann mit Geld wei-
terhalf, als sie ihm gestattete, ihre fünf Töchter eine nach der anderen zu
„beglücken“. Am Morgen nach der letzten Liebesnacht sagte Gabriela,
die fünfte Tochter:

Wie leicht ist es (. . .), in dieser Welt glücklich zu werden, wenn
man reich ist! Wie hart aber ist es, wenn man es nicht werden
kann und weiß, dass man das Glück, das man vor Augen hat,
aus Mangel an Geld nicht erlangen kann! Gestern war ich das
glücklichste aller Mädchen. Warum nur kann ich es nicht alle
Tage sein?

Diese Klage richtete sich auch an den Mann, neben dem sie aufgewacht
war, weil er sie buchstäblich „gekauft" hatte, an Casanova – doch der
hatte sein Geld längst mit vollen Händen zum Fenster herausgeworfen.
Als er dann auf einem ungedeckten Scheck sitzen blieb, auf diese Weise
in Zahlungsnot geriet, pleite und ohne Möglichkeit, sich schnell neues
Geld zu beschaffen, brach er „am ganzen Körper in einen erschreckend
kalten Schweiß aus und konnte das Zittern, das mich von Kopf bis Fuß
befiel, nur langsam überwinden. Ich sah unabwendbar den Galgen vor
Augen". Was angesichts der drastischen Strafen in England keineswegs
übertrieben war.

Was blieb ihm übrig, als erneut alles hinter sich zurückzulassen, die
Zelte über Nacht abzubrechen und erneut zu fliehen? Aber wohin? So
wanderte er weiter durch Europa, auf der Suche nach einer Stelle, nach
etwas mehr Stabilität und einer öffentlichen Aufgabe. Wäre es möglich
gewesen, am Hof in Preußen oder am Zarenhof bei Katharina II. eine
Anstellung zu erhalten, den hochgesinnten und bewunderten Monar-
chen nach allen Regeln der Etikette beratend zur Seite zu stehen, in allen
Fragen der Kunst, der Erziehung, der Landwirtschaft und was sich sonst
noch alles denken ließ, zukunftsweisende Projekte anzuregen, seinen Ta-
lenten freien Lauf zu lassen, so wie Herder es sich zeitgleich, auch mit
Blick nach Russland, erträumte und wie Goethe es bald darauf im be-
schaulichen Weimar gelingen sollte?

Aber weder in Potsdam noch in St. Petersburg ließ sich etwas in diesem Sinn in die Wege leiten. In Polen schien dieser Traum in greifbarer
Nähe – doch leider kam Casanova ein Pistolen-Duell in die Quere, das
ihm ein Graf namens Franz Xaver Branicki regelrecht aufzwang. Hätte
dieser den Ausgang gekannt, hätte er sich vielleicht eines Besseren beleh-
ren lassen. Casanova schreibt:

Meine Kugel war rechts bei der siebten echten Rippe in seinen Leib ge-
drungen und links unterhalb der letzten falschen Rippe ausgetreten.
Die beiden Löcher waren zehn Zoll voneinander entfernt. Der An-

blick war beunruhigend. Anscheinend waren die Eingeweide durchschossen und der Mann verloren.

Er war es nicht, der Graf überlebte die schwere Verwundung. Aber für Casanova, der selbst nur einen Kratzer abbekommen hatte, war dieser Ausgang nicht unbedingt ein Sieg, „bildete das Duell doch einen Wendepunkt seines Warschauer Lebens. Nach einer kurzen Reise in die Provinzen erhielt er (…) einen Wink vom König, dass seine Anwesenheit nicht länger erwünscht sei" (J. Rives Childs), womit selbstredend alle weiteren Bemühungen um eine Anstellung versperrt waren. Am 8. Juli 1766 musste Casanova Warschau verlassen.

Es ist überdeutlich, in welchem Ausmaß Casanovas Reisen alles andere als vergnügliche *grands tours* waren, nicht das Ergebnis seiner Wünsche und Launen, sondern in vielen Fällen erzwungene Fluchten, die ihn weitertrieben. Achtzehn Jahre nach seinen Qualen in den Bleikammern, denen er nur mit Ausbruch und Flucht hatte entkommen können, wurde es Casanova 1774 gestattet, wieder nach Venedig zu kommen. Die Rückkehr in seine Heimatstadt war kein Triumph und bot auch wenig Anlass zu Genugtuung. Um sich über Wasser halten zu können, sah er sich bald gezwungen, jenen die Füße zu küssen, die er nicht nur aus tiefstem Herzen verachtete, sondern die ihn fast umgebracht hatten – er begann für eben jene Einrichtung zu arbeiten, deren Opfer er selbst geworden war, für die Inquisition. Casanova – nicht in der Rolle des Liebhabers oder des Lebemanns, sondern in der ganz neuen Rolle des Spitzels. Unschwer kann man den Tiefpunkt seines Lebens erkennen und seine Demütigung erahnen. Aber damit war es noch nicht genug: Als er es wagte, sich mit dem satirischen Roman *Weder Liebe noch Frauen oder Der ausgemistete Stall* auch über Carlo Grimani, einflussreiches Mitglied einer alteingesessenen Dogenfamilie, lustig zu machen, der ihn zuvor beleidigt hatte, jagte man Casanova, mittlerweile 58 Jahre alt, wieder aus der Stadt. Auf Umwegen gelangte er nach Dux.

Vielleicht sind all diese Enttäuschungen und Demütigungen, die er auf seinen Reisen einstecken musste, auch die tiefere Ursache für seinen groß angelegten literarischen Versuch, mit einem utopischen Roman nicht nur die Anerkennung zu gewinnen, die ihm versagt geblieben war, sondern eine andere, bessere, wohlgeordnete Welt zu erschaffen, wo die Dinge erkennbar anders liefen, wo man „wie die Megamikren frei von sichtbaren Anzeichen des Alters, von Krankheiten, vom Bedürfnis nach

Schlaf" leben konnte. „Ich bin durchaus geneigt zu glauben", heißt es im Roman, „dass diese Welt das Irdische Paradies sein könnte."

Giacomo Casanova war großspurig, sensibel, gelehrt, naiv, elitär, oft pleite und noch vieles andere mehr. Er muss nicht nur einen unwiderstehlichen Charme besessen haben, sondern auch den Minderwertigkeitskomplex desjenigen, der nicht dazugehörte, so sehr er sich doch danach sehnte. Auf seinen Reisen hat Casanova keine Orgie ausgelassen, er vergnügte sich auch mit seiner Tochter und der Mutter seiner Tochter gleichzeitig, er hat Affären und Abenteuer aneinandergereiht, die leicht für mehrere Leben reichen würden. Am Ende seiner „Pilgerschaft auf dieser Welt" stand er beinahe mit leeren Händen da – hätte er uns nicht den seltenen Schatz der *Geschichte meines Lebens* hinterlassen. Aber diese Fülle, dieses freudige „Studium der Welt" war doch teuer erkauft.

Zweierlei Arkadien –
Goethe und Herder in Italien

Sobald der Name „Goethe" auf das Thema „Reisen" trifft, denkt man unwillkürlich an die berühmte *Italienische Reise*. Der Stellenwert der Reise und ihrer literarischen Verarbeitung ist unbestritten. Allerdings war Goethe nicht nur in Italien, er hatte vorher schon Reisen unternommen, die seinem Leben und Werk eine bestimmte Richtung gegeben haben. Außerdem war er nicht der einzige deutsche Schriftsteller, der sich Ende der 1780er Jahre auf den Weg nach Arkadien gemacht hatte. In diesem Zusammenhang kommt Johann Gottfried Herder eine doppelte Bedeutung zu: Er war es, der Goethe viele Jahre zuvor in Straßburg die entscheidenden Impulse für seine bahnbrechenden Frühwerke gegeben hatte, und Herder war es auch, der sich, als Goethe gerade wieder in Weimar angekommen war, ebenfalls nach Italien aufmachte.

Die beiden Autoren besitzen also eine eng miteinander verknüpfte Geschichte. Was aber ihre Reisen nach Italien angeht, so konnten diese kaum unterschiedlicher ausfallen. Und dieser Unterschied hat seine Vorgeschichte.

Herder kam aus der ostpreußischen Provinz. Den talentierten Jungen verschlug es eher zufällig im Sommer 1762 an die Universität nach Königsberg, um Theologie zu studieren. Das war keine schlechte Adresse, schließlich lehrte Immanuel Kant hier Philosophie. Zwar war Herder begeistert von Kants aufrüttelnder und inspirierender Art, aber mit dem metaphysischen „Totenreich lebloser Begriffe ohne Grund und Boden" konnte er nichts anfangen. Die Ablehnung blutleerer Abstraktion verband ihn schnell mit einem anderen bekannten Königsberger, mit dem Philologen Johann Georg Hamann, dessen Essays wie der *Versuch einer Sibylle über die Ehe*, *Konxompax – Fragmente einer apokryphischen Sibylle über apokalyptische Mysterien* oder *An die Hexe zu Kadmonbor* außer ihm selbst wohl kaum jemand verstanden haben dürfte, auch Herder nicht. Aber gerade diese rätselhafte und vieldeutige, zugleich scharfe Kritik an der Literatur und Philosophie der Zeit begeisterte Herder. Außerdem waren die beiden darüber hinaus auch als tiefgläubige Protestanten miteinander verbunden.

Hamanns esoterische, unverständlich-ironische Schriften inspirierten Herder zu seinen ersten eigenen Arbeiten, in denen er vor allem gegen eine leblose Sprache polemisierte und stattdessen das Ursprüngliche und Subjektive betonte. In Arbeiten wie den *Fragmenten, die neueste Literatur betreffend* und den *Kritischen Wäldern* griff er zahlreiche Ideen und Überlegungen Hamanns auf. Dessen berühmter Satz „Poesie ist die Muttersprache des menschlichen Geschlechts; wie der Gartenbau, älter als der Acker: Malerey, – als Schrift: Gesang, – als Deklamation: Gleichnisse, – als Schlüsse: Tausch, – als Handel" hat Herder Augen und Ohren für die Kraft ursprünglicher Poesie geöffnet, wie sie sich etwa im Werk von Shakespeare fand. Herder hat Hamanns Gedanken weitergetragen, um die „ausgestorbene Sprache", die Sprache der Bibel, Homers, der nordischen Sagen wieder zum Leben zu erwecken und gegen die Literatur der Zeit, gegen uninspirierte Nachahmung anzugehen. Auf diese Weise hat er wiederum andere Schriftsteller beeinflusst – und einen ganz besonders.

Aber erst in den nachfolgenden Jahren entwickelte sich Herder, der mittlerweile in Riga als Lehrer und Hilfspfarrer tätig war, zum bekannten Literaturkritiker. Um „wahre Poesie" ging es ihm, um echte, originale Literatur, deren Schönheit die Leser mit allen Sinnen ergreifen konnte, als ganze Menschen mit Geist, Gefühlen und Instinkten. Herder forderte eine Literatur, die im Gegensatz stand zum „Rosenkranz abgezählter Kunstwörter", eben der Literatur, die von „Sprach- und Schulmeistern" wie Gottsched geprägt, die nicht von Dichtern, sondern von „Ärzten und Aufsehern und Greisen" geschrieben wurde. Unüberhörbar meldete er sich in diesen Worten als Vertreter einer jungen Generation zu Wort, die sich von ihren Vätern abwenden wollte und sich gleichzeitig – der Literaturgeschichte bewusst werdend – an den ältesten, unnachahmlichen „ersten Dichtern" orientierte, die noch „durch Bilder" sprachen.

Sprache verstand Herder als etwas Lebendiges, weshalb er starre Regeln ablehnte: Eine Sprache könne nur dann „richtig" sein, wenn sie auch reichhaltig sei. Aber gerade der Verlust von Vielfalt, der Verlust von urtümlichen, mundartlichen Wendungen oder mehrdeutigen Wörtern, und das ist durchaus aktuell, habe die Sprache und Literatur ärmer werden lassen: Der „ganze Verfall der Dichterei" sei darauf zurückzuführen, dass „man sie der Mutter Natur entführte".

Doch mit seinen Thesen machte sich Herder nicht nur Freunde. Ihm wurde von seinen Gegnern schlicht die Kompetenz abgesprochen und so war ein Streit vom Zaun gebrochen, in dem Herder sich mehr und mehr verzettelte. Es kam schließlich vieles zusammen, was ihn wieder aus Riga hinaustrieb: Unzufriedenheit über den lästigen Streit, auch Gerüchte über sein Verhältnis zu Hamann, ein Mangel an Verbündeten, eine allgemeine Unruhe – denn Herder war gerade 25 Jahre alt und wollte sich keineswegs schon zur Ruhe setzen. Ihm war mittlerweile „alles zuwider", er wollte endlich „mehr Länder und mehr Menschen kennen lernen". Und das konnte er nur auf Reisen.

So warf er 1769 überraschend alle seine Ämter in Riga hin und reiste zwei Jahre lang umher, erst nach Nantes und Paris, dann über Brüssel, Antwerpen, Den Haag und Amsterdam nach Hamburg, von hier nach Eutin, über Göttingen nach Darmstadt und schließlich nach Straßburg, wo er im September 1770 ankam. Zu Beginn dieser Reise entstand das *Journal meiner Reise im Jahre 1769*, das Arno Schmidt als „Magna Charta des *Sturm & Drang*" bezeichnet hat, weil in ihm die vielen Lebensthemen Herders bereits in Skizzenform vorweggenommen wurden.

Herder wollte nicht mehr nur am Schreibtisch herumsitzen, sondern ein echtes Leben führen, er fühlte die Notwendigkeit, sich aus all den Verpflichtungen „herauszuwinden" und in einem emphatischen Drang alles zu studieren, was sich überhaupt nur studieren ließ, „die Cultur der Erde! aller Räume! Zeiten! Völker! Kräfte! Mischungen! Gestalten! Asiatische Religion! und Chronologie und Policei und Philosophie!". Er begeisterte sich für die Gesänge des Ossian, auch wenn sich bald herausstellte, dass es sich dabei keineswegs um einen nordischen Homer handelte, sondern nur um eine gut gemachte Fälschung. Aber hier, in der Bibel und bei Homer fand Herder das Urtümliche, Originale, Schaurige und Erhabene, das ihm als Vorbild einer neuen Literatur vorschwebte.

Eigentlich hatte Herder auch einen Abstecher nach Italien geplant – schließlich war Italien zu dieser Zeit das Ziel gehobener Bildungsreisen. Da er sich dieses Unternehmen aber allein nicht leisten konnte, nahm er das Angebot an, den Sohn des Fürstbischofs von Lübeck auf einer Reise nach Süden zu begleiten. Die mitreisenden Hofleute verleideten ihm aber das Unternehmen schon vom ersten Tag an und so trennte sich Herder bereits in Straßburg von der Reisegesellschaft. Die geplante Italien-Reise fand nicht statt. Herder sollte sie erst 18 Jahre später nachholen.

Während Herder in Straßburg, diesem „elendesten, wüstesten, unangenehmsten Ort", auf halbem Weg nach Italien steckengeblieben war und sich an seinem ewig entzündeten Auge operieren lassen wollte, tauchte ein junger Mann in der Stadt auf, um seine juristischen Studien zu verfolgen. Zwischen April 1770 und August 1771 hielt sich Goethe, gerade einmal 21 Jahre alt, somit ebenfalls in Straßburg auf und wurde schon bald zum wissbegierigen Zuhörer des 5 Jahre älteren Herder.

Daraus ergab sich eine fast spiegelbildliche Situation: Wie Herder Jahre zuvor in Königsberg aus den Gesprächen mit Hamann gelernt hatte, so sog jetzt Goethe in Straßburg zahlreiche Hinweise und Anregungen von Herder auf, etwa Überlegungen zu Ossian, der dann später im *Werther* wiederkehren sollte. Herder machte Goethe außerdem mit seiner Theorie zum Ursprung der Sprache bekannt und betonte die Bedeutung der Volkslieder, in denen das Eigene, das Volkstümliche aus fernen Zeiten aufgehoben seien. Und natürlich drehte es sich in den Gesprächen oft um Shakespeare – gleich im Anschluss an die Zeit in Straßburg schrieb Goethe seinen Fanal-Text des Sturm und Drang, die Rede *Zum Shakespeares Tag*. Und nicht zu vergessen die gemeinsame Begeisterung für die Architektur des Straßburger Münsters, die Goethe 1773 in *Von deutscher Baukunst* ausdrückte.

Aus all diesen Themen lässt sich die gemeinsame Suche nach dem Originalen, Unmittelbaren, dem Ursprünglichen, Echten und Lebendigen in der Kunst erschließen, das dem rein Dekorativen und Gekünstelten als dem Verlebten entgegengesetzt wird. Die „wahre Kunst" war rau, wild, charakteristisch, urtümlich, ein Ansatz, den Goethe dann im *Götz von Berlichingen* mustergültig umsetzte, dessen erste Fassung ebenfalls auf die Straßburger Zeit zurückgeht.

Die Überwindung der Literatur der Zeit drückt sich auch in den antibürgerlichen Momenten des *Werther* aus, in seiner radikalen Emotionalität, seiner unbändigen Leidenschaft, die es in dieser Form noch nicht gegeben hatte. Werther kritisierte die „Wortkrämer", die keine Ahnung hatten von den inneren Beweggründen anderer Menschen, von diesem „inneren, unbekannten Toben, das meine Brust zerreißt". Mit *Götz von Berlichingen* und *Werther* war Goethe dann aber auch um 1774 schnell über seine Rolle als eifriger Zuhörer Herders hinausgewachsen und hatte sich als erfolgreicher Schriftsteller etabliert. Das verdankte er nicht nur seinem außerordentlichen Talent, sondern auch dem Umstand, dass Herder nicht nach Italien weitergereist war.

Die Wege der beiden Männer trennten sich aber vorläufig wieder: Goethe stand seine Advokaten-Zeit in Frankfurt bevor, die er so schnell aufgab, wie er sie begonnen hatte. „Weimar" lautete schließlich seine Berufung, wo er ab 1776 verschiedene Funktionen wahrnahm, für den

Bergbau im Herzogtum ebenso verantwortlich war wie fürs Theater. Neben seiner literarischen Arbeit war er mit Unmengen von Verwaltungstätigkeiten beschäftigt.

Herder kam erst auf einem Umweg nach Weimar, denn zunächst blieb er fünf Jahre lang in Bückeburg hängen. Kein Herumreisen mehr, sondern eine Stelle als Pfarrer und als Konsistorialrat der Grafschaft Schaumburg-Lippe. Vom ersten Tag an war ihm klar, in Bückeburg mit seinem etwas sperrigen Landesherrn am falschen Platz zu sein und sich mit diesem Schritt auch in eine geistige Provinz begeben zu haben. Er wusste also, worauf er sich eingelassen hatte, aber er suchte berufliche Stabilität, um heiraten und Kinder bekommen zu können. Er wusste diese Randlage somit durchaus zu schätzen, wo er in Ruhe im Grünen spazieren gehen und schreiben konnte. In Bückeburg schloss er *Über den Ursprung der Sprache*, den *Briefwechsel über Ossian* und seinen *Shakespeare*-Aufsatz ab, außerdem schrieb er die *Älteste Urkunde des Menschengeschlechts* und verschiedene Texte zu Volksliedern, die bis auf die Königsberger Zeit zurückgingen, und machte sich an weitere literatur- und kulturhistorische Arbeiten.

In der Abgeschiedenheit Bückeburgs gelangte Herder auch zu einer neuen, tieferen Spiritualität. Das Sprunghafte, Freigeistige verlor sich und in diesem Sinn entdeckte er Hamanns Vorstellung von der Natur als Buch Gottes neu, wie man in der *Ältesten Urkunde des Menschengeschlechts* von 1773 nachlesen kann. Gott knüpfe

> *seine Offenbarung an die Morgenröte, das schönste und freundlichste Bild unterm Himmel, das allen Völkern der Erde aufgeht, und sie jeden Morgen an die Offenbarung, und an ihren Schöpfer und Vater – gnädig, barmherzig und von großer Güte – mit Kraft und Leben erinnern könnte; oder vielmehr, Gott webte diese seine Offenbarung in die Buchstaben der Morgenröte, ins rötliche dramatische Gewand der Tagwerdung, dass sie zugleich in und mit der Schöne des Gewandes dem Menschen sinnlich würde, und ihm tief in Auge und Herz fallen sollte.*

Nur ein tief religiöser Mensch konnte solche Sätze schreiben, ein Ertrag seines Lebens in der Provinz. Aber nach ein paar Jahren empfand Herder die höfische Enge doch als Belastung, zumal er den „gehobenen Hofnarren", wie Arno Schmidt es formuliert hat, nicht spielen wollte. Als Goethe dann 1775/76 mit Nachdruck versuchte, Herder nach Weimar zu holen, zögerte dieser nicht lange und am 1. Oktober 1776 traf Familie Herder in Weimar ein.

Als sich die beiden in Weimar wiedertrafen, hatte sich nicht nur Herder weiterentwickelt; auch Goethe war seinen eigenen Weg gegangen. Er war dabei, die Sturm-und-Drang-Zeit allmählich hinter sich zu lassen.

„Der gelernte Jurist war jetzt auch ein Dichter, seine Differenz zur Konvention hatte ihn notorisch gemacht; zugleich lieferte *Werther* den Nachweis, dass sie nicht zu leben war", schreibt Adolf Muschg über Goethes erste Reise in die Schweiz 1775. „Wohin den Verfasser das neue Leben führen sollte, das ihm neue Bruderschaften, vor allem diejenige mit Herder, eröffnet hatten, war noch nicht abzusehen."

Auf den Schweizer Reisen befand sich Goethe gewissermaßen auf der Suche nach sich selbst, hier ließ er sich von der Natur begeistern, vom Gotthardmassiv vor allem, hier wurde ihm immer klarer, dass er sich als Autor noch weiterentwickeln musste. War es denn alles richtig, was er da so tat und trieb in Weimar? Entsprachen diese Aufgaben seinen Vorstellungen und Zielen?

Die Veränderungen wurden besonders an seinem neuen Verhältnis zur Natur erkennbar, in einem wachsenden Interesse am Studium der Naturwissenschaften. Goethe war schon längst nicht mehr der übermütige, selbstverliebte junge Mann, sondern jemand, der die Wildheiten des Sturm und Drang und das Subjektive überwand, um in der Natur eine Art ewiges Gesetz zu entdecken und daraus seine Konsequenzen zu ziehen, was sich zum Beispiel im *Gesang der Geister über den Wassern* ausdrückte:

Des Menschen Seele
Gleicht dem Wasser:
Vom Himmel kommt es,
Zum Himmel steigt es,
Und wieder nieder
Zur Erde muß es,
Ewig wechselnd.

(…)

Wind ist der Welle
Lieblicher Buhler;
Wind mischt vom Grund aus
Schäumende Wogen.

Seele des Menschen,
Wie gleichst du dem Wasser!
Schicksal des Menschen,
Wie gleichst du dem Wind!

Darin ist nichts mehr vom alten stürmischen Enthusiasmus, mit dem Werther die Natur seinen subjektiven Stimmungen entsprechend als schön oder fürchterlich gedeutet hatte. Im Unterschied dazu betonte Goethe jetzt den Gleichklang von Mensch und Natur, ihre Einheit. Diese Anschauung wurde auch auf seinen Reisen in den Harz verstärkt, wo er den Granit für sich entdeckte, als Symbol für die Ewigkeit, für den Stoff, auf dem alles gründet und ruht und aus dem sich alles andere ergibt.

Damit hat sich also allerhand verschoben seit den Straßburger Tagen; es drängte Goethe immer mehr dazu, mit diesen neuen Vorstellungen und Erkenntnissen seiner literarischen Laufbahn eine neue Richtung zu geben. Vieles war schon da – um aber sein neues Verhältnis zur Natur, zu ihren Formen und Gesetzen literarisch aufzufangen, musste er zunächst aus den zahllosen beruflichen und privaten Verpflichtungen in Weimar ausbrechen.

Goethe machte sich also aus dem Staub und reiste am 3. September 1786 über Karlsbad nach Italien. Vom Gardasee ging es weiter nach Verona, Venedig, Ferrara, Bologna, dann natürlich nach Rom, nach Neapel und Sizilien. Goethe lernte die Antike in Form der römischen Bau- und Kunstwerke dieser Städte und Regionen kennen, wobei Rom den prominentesten Platz einnahm. Ständig in Kontakt mit anderen Künstlern, vor allem mit Malern, und finanziell unabhängig, konnte er es sich leisten, das Land zwei Jahre lang zu bereisen und zu genießen.

Was sich in Goethes völlig neuem Verhältnis zur Natur im Harz und in der Schweiz schon angedeutet hatte, das Bild einer Welt mit Gesetzen und Regeln, fand er in Italien in anderer Form wieder. Da draußen trat ihm eine neue Welt entgegen, eine Welt aus Stein und Geschichte, Ablagerungen vergangener Epochen.

An Frau von Stein in Weimar schrieb er:

Meine Übung, alle Dinge wie sie sind zu sehen und abzulesen,
meine Treue, das Auge licht sein zu lassen, meine völlige Entäuße-
rung von aller Prätention kommen mir einmal wieder recht zustat-
ten und machen mich im stillen höchst glücklich. Alle Tage ein
neuer merkwürdiger Gegenstand, täglich frische, große, seltsame

Endlich auch in Arkadien, Goethe in Rom 1787

Bilder und ein Ganzes, das man sich lange denkt und träumt, aber nie mit der Einbildungskraft erreicht.

So betrachtete er Italien mit einem sehr ausgereiften Blick, mit Ruhe, nicht mit überschäumender Emphase, als „ein Ganzes", das sich allmählich vor seinen Augen zusammensetzte. Das zeigt bereits, dass Goethe als ein anderer nach Italien kam und die Reise ihn deshalb so stark formen konnte, weil er offen war, schon auf dem Weg zu dieser Veränderung. Dies wird vor allem an einer anderen Briefstelle deutlich:

Ferner glaubte ich der Natur abgemerkt zu haben, wie sie gesetzlich zu Werke gehe, um lebendiges Gebild, als Muster alles Künstlichen hervorzubringen.

Die Natur war ihm zum Vorbild geworden, ein Muster für die Kunst, und mit dieser neuen Haltung zur Natur traf Goethe jetzt in Italien auf eine Kunstform, die ebenso natürlich, harmonisch erschien. In Gestalt der römischen Kunstwerke fand er ein Ideal, ein überzeitliches Vorbild der Ausgewogenheit und der Harmonie. Und diese Ansprüche, diese Ideale und Maßstäbe übertrug er auf seine Literatur – in diesem Sinn stellt Goethes italienische Reise den Beginn der Weimarer Klassik dar.

Das berühmte Motto „Et in Arcadia ego", das der *Italienischen Reise* vorangestellt ist, drückt aus, dass hier eine Sehnsucht endlich wahr wurde, dass der Autor teilhatte an der antiken Harmonie mit der Natur, an der Gleichmäßigkeit und dem Frieden der arkadischen Schäferwelt. Hier fühlte sich auch Goethe aufgehoben.

Am 3. Dezember 1786 formulierte er selbst den eigentlichen Kern der Bedeutung seiner Italien-Reise:

> *Wie mir's in der Naturgeschichte erging, geht es auch hier, denn an diesem Ort knüpft sich die ganze Geschichte der Welt an, und ich zähle einen zweiten Geburtstag, eine wahre Wiedergeburt, von dem Tage an, da ich Rom betrat.*

An Rom ließ sich die ganze Geschichte der Welt anknüpfen, alle westliche Kunstentwicklung, aber auch alle Vorgeschichte war in Rom abzulesen, ähnlich den aufgeschichteten Steinformationen in der Natur vom Granit bis zum Erdboden hinauf. Diese Erkenntnis kam für Goethe einer Wiedergeburt gleich.

Und es war zweifellos eine literarische Wiedergeburt, die sich sogleich in *Iphigenie auf Tauris* ausdrückte, die 1786 auf der Reise überarbeitet und bereits 1787 gedruckt wurde. Der Kontrast zu den frühen Stücken wie etwa *Götz von Berlichingen* könnte größer kaum sein. Alle Derbheit und Unvermitteltheit ist hier verschwunden zugunsten einer geschlossenen Form, die schrägen, individuellen Charaktere sind zurückgetreten hinter überzeitliche, mythische Bilder. Indem Iphigenie Thoas und Orest mit ihrer eindringlichen Rede davon abhält, mit den Schwertern aufeinander loszugehen und auf diese Weise Gewalt und Feindschaft überwindet, stiftet sie die Kultur schlechthin und wird so zum Symbol der Humanisierung:

> *Gewalt und List, der Männer höchster Ruhm,*
> *Wird durch die Wahrheit dieser hohen Seele*
> *Beschämt, und reines kindliches Vertrauen*
> *Zu einem edeln Manne wird belohnt.*

Dass diese Szene auch gleichzeitig eine Paraphrase jener berühmten Szene aus der *Ilias* ist, wo Agamemnon und Achill ebenfalls schon die

Hand an den Schwertern haben, aber von Athene zurückgehalten werden, macht Goethes besondere literarische Meisterschaft deutlich.

Nach der italienischen Reise entwickelte sich sein Werk konsequent in Richtung eines klassisch geprägten, ausgewogenen Schreibens, das in den alten Formen gültige Modelle auch für die eigene Zeit sah, um alle Aspekte des Menschlichen miteinander zu verbinden und ausdrücken zu können, ohne in den Einseitigkeiten des Sturm und Drang stecken zu bleiben.

In diesem Sinn wirkten die Veränderungen auch noch in Goethes Figur des Wilhelm Meister nach, den Goethe sagen ließ: „Mein Leben soll eine Wanderschaft sein." Warum? Weil man auf den Reisen das Sehen lernt, weil man auf Reisen Menschen trifft, die einen zu dem machen, der man ist, weil das Leben selbst eine Reise ist, ein andauernder Weg, um neue Erkenntnisse zu sammeln.

Und Herder? Goethe hatte ihn als weithin bekannten Autor, Literaturkritiker, Historiker, Theologen, Prediger nach Weimar geholt, aber als „Oberhofprediger, Oberkonsistorial- und Kirchenrat, Generalsuperintendent, Pastor Primarius und zehn Dinge mehr" musste er sich mit dem ganzen „altsächsischen Dreck" endloser Verwaltungssachen herumschlagen, wodurch er auch nicht eben reich wurde. Finanzielle Engpässe und ein gewisser Neid auf Goethes brillante Karriere haben neben unterschiedlichen ästhetischen Entwicklungen dazu beigetragen, dass sich die beiden Freunde nach und nach entfremdeten.

Aber das hielt Herder nicht davon ab, weiter an den Themen zu arbeiten, die ihn seit seiner Zeit in Königsberg und Riga bzw. seit der Reisezeit beschäftigten. Neben vielen kleineren und größeren Arbeiten begann Herder allmählich, seine kulturgeschichtlichen Überlegungen zu systematisieren, was dann 1784 in die *Ideen zur Philosophie der Geschichte der Menschheit* mündete. „Herder", so schreibt sein Biograph Kantzenbach, „wollte das gesamte Wissen seiner Zeit verarbeiten. Die Frage nach der Natur des Menschen, seiner natürlichen Organisation und eigentlichen Bestimmung, wird mit der Geschichte verbunden, Anthropologie also mit Weltgeschichte vereinigt. Das Geschichtsbild entwickelt sich zu einem *Bild vom Ganzen der Welt*."

Nachdem er aber auf diese Weise Berge von Materialien gewälzt hatte, ergab sich für ihn die überraschende Gelegenheit, den Komponisten und Pianisten Johann Friedrich von Dalberg (1760–1812) nach Italien zu begleiten. Endlich gelang ihm also das, was schon 1770 hätte gelingen sollen, aber damals an widrigen Umständen gescheitert war. Goethe war

1788 kam auch Herder nach Italien

gerade aus Italien zurückgekehrt, aber von dessen gut gemeinten Rat-
schlägen wollte Herder nicht viel hören. Er wollte vor allem eines, weg
aus der Routine und Enge Weimars: „Reisen musste ich, selbst wenn es
auf den Walfang gewesen wäre."

Ein knappes Jahr war Herder schließlich unterwegs, vom 6. August
1788 bis zum 9. Juli 1789. Die Reise verlief aber wieder einmal nicht ganz
nach Herders Geschmack, weil Dalberg seine Geliebte mit auf die Reise
genommen hatte, mit der Herder überhaupt nichts anfangen konnte. Seiner Frau Karoline schrieb er deshalb nach Weimar, dass „eine Reise mit
einer Frau gleich die unvernünftigste Sache ist, die sich denken lässt".

Ab Mitte Oktober machte er sich schließlich selbstständig und ver-
brachte danach einen Großteil der Reise mit Anna Amalia, der Mutter
Karl Augusts, die sich zeitgleich auf den Weg nach Italien gemacht hatte.
Herder machte Dalberg tausend Vorwürfe und forderte Geld für die
Rückreise, was er auch erhielt – kurzum, die Reise war von Beginn an
durch Streitereien und Misstöne belastet.

Aber natürlich war Herder begeistert von dem, was er in Italien sah. Rom nahm er als ein sonderbares Wesen wahr, in dem sich alle Fäden der Geschichte trafen, von Ägypten über das Judentum zum Christentum zum Beispiel oder von der antiken Architektur bis zur Renaissance, Eindrücke, die Goethe auf ähnliche Weise mit nach Hause gebracht hatte.

Am 29. November 1788 schrieb Herder an Karl August, er habe „auf manchem Spaziergange von ein paar Stunden mehr gelernt, als ich durch das Lesen von hundert Büchern je würde gelernt haben". Was er aber im Dezember an Goethe schrieb, klingt doch entschieden anders:

(…) ich kann mich, in dem, was ich suchte und erwartete, des guten Glückes nicht so ganz rühmen [im Gegensatz zu Goethe selbst]. Da aber in der Natur der Dinge nichts vergebens ist, so wird auch dies übelgeratne Impromptu meiner Reise nicht ganz vergebens sein, wenigstens dadurch, dass es mich vor jedem ähnlichen bewahre.

Vernichtender kann die Wertung einer Reise kaum noch sein, wenn sie doch nur als abschreckendes Beispiel für hoffentlich nie stattfindende Wiederholungen zu dienen scheint. Die Kunst erlebte Herder nicht mehr als „eine schöne Blüte des menschlichen Bestrebens", sondern als Verfallsprodukte, die für die Touristen reproduziert wurden. Außerdem beschwerte er sich bei Goethe, dass er in einem „Keller" hausen müsste, wo er entsetzlich fror, nicht zuletzt weil Goethe finanzielle Engpässe nicht kurzfristig in seinem Sinn aus der Welt geschafft hatte.

In den Briefen an seine Frau distanzierte sich Herder mehr und mehr von Goethe: „Goethe hat gut reden; alle seine Ratschläge in Ansehung Roms taugen nicht (…). Goethe spricht über Rom wie ein Kind und hat auch wie ein Kind, freilich mit aller *Eigenheit*, hier gelebet; deshalb er's denn auch so sehr preiset. Ich bin nicht Goethe, ich habe auf *meinem* Lebenswege nie nach seinen Maximen handeln können; also kann ich's auch in Rom nicht."

Goethe sei egoistisch, nehme keinen Anteil am Leben anderer und es wäre besser, sich keinen weiteren Illusionen über seinen Charakter hinzugeben.

Hole der Henker den Gott, um den alles rings umher eine Fratze sein soll, die er nach seinem Gefallen brauchet; oder gelinder zu sa-

gen, ich drücke mich weg von dem großen Künstler, dem einzigen
rückstrahlenden All im All der Natur, der auch seine Freunde und
was ihm vorkommt, bloß als Papier ansieht, auf welches er schreibt,
oder als Farbe des Paletts, mit dem er malet.

Als Herder schließlich die von einem Künstler angefertigten Büsten von
Goethe und ihm verglich, stellte er fest: „Mich dünkt, der Kontrast zwischen mir und Goethe sei etwas zu stark; er sieht wie ein junger Alexan-
der oder Apollo aus und ich gegen ihn wie ein kahler, trockner Alter."
Die Reise führte unmittelbar zu einer zunehmenden Entfremdung zwischen den ehemaligen Freunden.

Doch auch unabhängig von der Thematik Goethe konnte sich Herder
in Rom nicht wohlfühlen, sodass sich bisweilen ein gewisser Zynismus
Bahn brach: „Sonst kann ich nicht leugnen, dass mir die Menschen hier
viel Zuvorkommendes, Liebes und Gutes erweisen, indessen sind sie
doch immer am artigsten, wenn man sie nicht brauchet." Schließlich betrachtete Herder die Reise als Fehlschlag, als grundsätzlichen Fehler und
fragte sich: „Was hatte ich mit Rom zu tun? was Rom mit mir?"

In einem Brief an die Herzogin Luise vom 28. Oktober 1788 formulierte er die vielleicht dichteste und wohl auch ehrlichste Selbstanalyse
seiner Situation in Italien:

> *(…) so erliegt mein armer Kopf ganz u. gar, so dass ich Gefahr*
> *laufe, aus Rom unwissender zu gehen, als ich hineinkam. Wäre*
> *meine Reise nicht so unvermutet gewesen (…), wäre ich endlich*
> *jünger u. hätte mich nicht im Dienst des Staats, der Kirche u. der*
> *gelehrten Republik so sehr verlebet, hätte ich endlich Geld u.*
> *könnte, wie ich wollte, ja so lang ich wollte, reisen, mit der schönen*
> *Aussicht, zwanzig Jahre meines Lebens zurückzuhaben u. sie an-*
> *wenden zu können, wie ich wollte: so wäre etwas. Aber nun? –*
> *jetzt? [Ich] dränge mir das arme Wozu?, sooft es mir vorkommen*
> *will, mit Gewalt aus der Seele.*

Wozu? Die Reise, die vielleicht wirklich zwanzig Jahre zu spät kam, um
noch eine gewichtige Wirkung auf Herder haben zu können, erschien
ihm im Grunde genommen als Zeitverschwendung und Rom schlicht
als „Grab", „Mausoleum" oder gleich als „Mördergrube". Herder
sehnte sich zurück nach seiner Familie: „Ich bin des Sehens und Reisens satt."

Auf der Heimreise nach Weimar hat er allerdings noch einmal versucht, seinen Missmut abzuschütteln und sich über die Bedeutung seiner Reise klar zu werden. Er habe in Italien durchaus manche Eitelkeit und „manchen Quark schöner Wissenschaft und Kunst" abgestreift, die Reise habe ihn immerhin „verjüngt":

> (...) und ich bin durch diese meine Reise, zumal durch die große Welt, wie ich sie hier sehe, in vielem sehr genesen. Weiß Gott, wozu alles gut ist? Denn nichts ist doch in dieser Welt und in meinem Leben vergebens gewesen. Wenn nichts weiter, so hat mich die Reise und selbst die Not und Verlegenheit aus einer Lethargie erweckt, die doch kein Glück war.

Nach Stationen in Siena, Pisa, Florenz, Bologna, Venedig und Mailand kam Herder wieder am 9. Juli 1789 in Weimar an und ist bekanntlich auch dort geblieben und gestorben. Weitere Reisen hat er nicht mehr unternommen.

Zweierlei Arkadien – zwei Italienreisen, deren Charakter unterschiedlicher kaum sein könnte. Von Beginn an stand Herders Reise unter einem schlechten Stern und auch seine Übellaunigkeit war ihm permanent im Weg, um sich den neuen Eindrücken überhaupt öffnen zu können und sich im Land wirklich umzusehen. Herders Suche nach der „wahren Poesie" hatte ihn durch alle Epochen und Regionen der Welt geführt, er hat diese Reisen aber vor allem in den Bücherbergen seiner Bibliothek unternommen. Was für Goethe eine heilsame Flucht war, auf der Spur eines neuen Kunstverständnisses, das die deutsche Literatur revolutionieren sollte, erwies sich für Herder letztlich als Quälerei, weshalb seine Reise niemals einen vergleichbaren Stellenwert hatte, der Goethes italienischer Reise zukommt.

„Wieder eine Reise!" –
Die erstaunlichen Reisetagebücher der Sophie von La Roche

Der Name Sophie von La Roche steht heute in den einschlägigen Literaturgeschichten immer in Verbindung mit dem 1771 veröffentlichten Briefroman *Geschichte des Fräuleins von Sternheim*.

Hinter diesem Titel sind die Person und ihre übrigen Arbeiten verschwunden. Seit den 1990er Jahren wird die Autorin mit ihrem Gesamtwerk jedoch wiederentdeckt und diesen Bemühungen verdanken wir auch eine neue Ausgabe ihrer Reisetagebücher. Sie machen deutlich, dass Sophie von La Roche eine Pionierin war – der großen Zeit der Reiseliteratur ihrer Geschlechtsgenossinnen war sie rund ein halbes Jahrhundert voraus.

Um den Weg hin zu diesen Reisen nachvollziehen zu können, benötigen wir einige biographische Daten. Marie Sophie Gutermann wurde 1730 geboren, als Tochter eines Arztes aus dem schwäbischen Kaufbeuren. Hier lag ein Zentrum des Pietismus des 18. Jahrhunderts, ein Rahmen, in dem das Kind durch eine sehr gefühlsbetonte Frömmigkeit nachhaltig geprägt wurde, was in der Familie einherging mit einem bildungsbürgerlichen Klima, natürlich zum Vorteil von Sophie Gutermann, denn so konnte sie Französisch und Italienisch lernen und die umfangreiche Bibliothek ihres Vaters entdecken. Auch Englisch lernte sie später und entwickelte eine starke Sympathie für die englische Lebenswelt.

Sie verliebte sich in ihren Großcousin – in Christoph Martin Wieland. Aber trotz Verlobung zog Wieland schließlich nach Zürich, Sophie Gutermann blieb, wo sie war. Es wurde also nichts aus den beiden, doch später nahmen sie wieder Kontakt zueinander auf.

1753 heiratete Sophie Georg Michael Frank La Roche, der elf Jahre älter war, katholischen Glaubens und vor allem Adoptivsohn des Mainzer Grafen Stadion, als dessen rechte Hand er fungierte. Damit kam Sophie La Roche, wie sie jetzt hieß, nach Mainz und in die hiesigen höfischen Kreise, wo sie aufgrund ihrer Bildung auch mit offenen Armen empfangen wurde.

Dass sie ihren Mann bei seiner Arbeit unterstützte, änderte nichts an ihrer eigentlichen Rolle als Ehefrau und Mutter. Sie brachte acht Kinder zur Welt, drei davon starben jedoch sehr früh. Die Familie zog noch mehrmals um, schließlich nach Trier, wo ihr Mann mittlerweile als Sekretär des Kurfürsten arbeitete. 1776 wurde er zum „von La Roche" geadelt.

Die nette Lektüre in hübschen Bibliotheken reichte Sophie La Roche nicht aus und so knüpfte sie wieder Kontakte zu Wieland, der ab 1762 Shakespeares Werke ins Deutsche übersetzte. Hamann, Herder, Goethe, Wieland, La Roche – sie alle teilten zu dieser Zeit die Bewunderung für Shakespeare, für ihre Generation wurde er ein wichtiger Bezugspunkt und ein großes Vorbild, mit den bekannten Nachwirkungen bis weit in die Romantik hinein. Und auch wenn ihre Literatur nicht viel mit Shakespeare zu tun hatte, begann La Roche, auch im engen Austausch mit Wieland, die Arbeit an einem Roman.

Sophie von La Roches *Geschichte des Fräuleins von Sternheim* steht in einer ganz bestimmten Linie der literaturgeschichtlichen Entwicklung. Sie nahm ihren Ausgangspunkt 1740 mit Samuel Richardsons *Pamela oder die belohnte Tugend*. Der Roman von einem Dienstmädchen namens Pamela, das von ihrem Herrn belästigt wird, es dann aber schafft, diesen zu einem vernünftigen, tugendhaften Verhalten zu bringen, um ihn schließlich auch noch zu heiraten, war ein Riesenerfolg. Der Anfang aller sozialen Aufstiegsgeschichten à la Courths-Mahler dürfte exakt hier zu finden sein. Das Besondere an Richardsons Roman war aber, dass er sich aus Briefen zusammensetzte und auf diese Weise das Subjektive stark betonen konnte, das Emotionale, Empfindsame stand schon durch die Textform im Vordergrund. Die verschiedenen Briefschreiber brachten jeweils eigene Perspektiven ein, in denen sich unterschiedliche psychologische Motivationen artikulierten. Damit wurde schon lange vor dem modernen Roman der allwissende Erzähler abgelöst.

Von hier lässt sich die Linie weiter ziehen zu Christian Fürchtegott Gellert, der diese Technik für die deutsche Literatur adaptierte und 1750 den Briefroman *Leben der schwedischen Gräfin von G.* schrieb, mit einer Handlung, die nicht weniger haarsträubend ist. Bei Richardson und Gellert stehen also Frauenfiguren und ihre Seelenlage im Mittelpunkt, was Sophie von La Roche kaum übersehen haben dürfte. Ihr Roman schloss direkt an diese beiden Modelle an. Die *Geschichte des Fräuleins von Sternheim* spielt teilweise in Deutschland und in England, dem Heimatland der Vorbilder *Pamela* und Richardson. Das ist insofern wichtig, als damit La Roches Verbundenheit mit der englischen Kultur und ihrem sogenannten gesunden Menschenverstand deutlich zum Ausdruck kommt.

Die Handlung ist eine ziemliche Räuberpistole: Alles dreht sich um Sophie von Sternheim, die zur Geliebten eines Fürsten geworden ist und sich allmählich wieder aus dieser Erniedrigung und diesem Tugendverlust herausarbeitet, mit Erfolg versteht sich. Jenseits damaliger und heutiger Lesegewohnheiten wurde hier ein Frauenbild vorgestellt, das auch als Kritik an der Männerwelt verstanden werden muss. In dem Buch kämpfte eine Frau um ihre relative Selbstständigkeit und das war 1771 durchaus bemerkenswert, zumal sich La Roches Gatte auch nicht zu schade war, seiner Frau Reisen zu Freunden einfach zu verbieten, wenn ihm danach war. Die patriarchal legitimierten Einschränkungen für die Frauen dieser Zeit waren durchaus real.

Mit ihrem Roman reißt aber die Linie noch nicht ab: Ein junger Dichter, der gerade aus Straßburg zurückgekommen war, hat die *Geschichte* auch gelesen. Die Linie der – empfindsamen und stürmisch-drängenden – Briefromane lässt sich also von Richardson über Gellert und La Roche direkt bis hin zu den *Leiden des jungen Werther* ziehen.

Mit ihrem Roman wurde Sophie La Roche die erste bedeutende Schriftstellerin deutscher Sprache oder wie Jeannine Meighörner formuliert hat, „Deutschlands erste Bestsellerautorin". Da war sie mittlerweile 40 Jahre alt. Und das *Fräulein von Sternheim* sollte nicht ihr einziges Buch bleiben.

Es gab also Leserinnen und gewiss auch Leser, die sich mit der Innenwelt, mit der sozialen Situation von Frauen auseinandersetzen wollten, es gab mit der *Iris* bald sogar eine Zeitschrift, die sich mit eben diesen Themen beschäftigte. Da konnte es niemanden überraschen, wenn auch die in diesen Fragen versierte und erfolgreiche La Roche für die von den beiden Männern Johann Georg Jacobi und Wilhelm Heinse herausgegebene *Iris* schrieb und unter anderem ihre sogenannten *Frauenzimmerbriefe* beisteuerte.

Die Ehefrau, Mutter und Schriftstellerin Sophie von La Roche war damit auf einmal Teil einer allmählich immer wichtiger werdenden Welt des Journalismus und des Feuilletons, wo man darauf achtete, was die Leute lesen wollten, wo nicht die hohe, weltentrückte Kunstliteratur im Mittelpunkt stand, sondern Texte für ein bestimmtes Publikum, Texte, die mal einen kulturhistorischen, mal auch einen beratenden Charakter haben konnten.

Leider stellte die *Iris* ihr Erscheinen 1776 schon wieder ein – aber vielleicht war dieser Umstand für La Roche gar nicht so schlecht? Denn als ihr Ehemann 1780 infolge einer Intrige Knall auf Fall entlassen wurde, seine Stellung, sein Prestige, sein Geld verlor und die Familie bei einem vermögenden und großzügigen Freund in Speyer Zuflucht nahm, hatte Sophie von La Roche eine besondere Idee: Sie wollte nun selbst eine Zeitschrift herausbringen, und zwar eine neue Frauenzeitschrift. Und genau das tat sie dann auch.

Auf der literarischen und journalistischen Bühne dieser Zeit gab es keine anderen Frauen, die etwas Ähnliches gewagt hätten, und so setzte La Roche ganz auf diese gefundene Marktlücke: eine Zeitschrift von Frauen über Frauen für Frauen. Dabei besaß sie einen ungeheuren Vorteil, schließlich kannte sie durch ihren Hintergrund, aber auch durch ihre Artikel für die *Iris* und die anderen Veröffentlichungen viele Autoren, gebildete Leserinnen und Leser und konnte höfische wie bildungsbürgerliche Kontakte aktivieren, um Abonnenten zu gewinnen.

Eine Zeitschrift mit dem Titel *Pomona für Teutschlands Töchter* hätte heute aller Wahrscheinlichkeit nach eher wenig Chancen, sich auf dem Markt durchzusetzen; damals aber fügte La Roche dem allgemeinen Zeitschriftenolymp – denken wir nur an Wielands *Teutschen Merkur* oder Schillers spätere *Horen* – eine römische Gottheit hinzu, eine Göttin der Früchte und des Obstes, die auf Weiblichkeit, Fruchtbarkeit und Ernährung verwies. Und so umriss Sophie von La Roche die inhaltlichen Schwerpunkte:

> *[In der Pomona] sind zufällige Gedanken von mir, Auszüge aus englischen, italienischen und französischen Monatsschriften, die für mein Geschlecht geschrieben werden. Gedichte von Frauenzimmern (...), ausgelegt, wie ich glaube, dass es für die weiblichen Kenntnisse nötig und nützlich ist (...).*

Im Januar 1783 erschien die erste Ausgabe mit einer Auflage von 1.500 Stück. Während die anderen Zeitschriften für Frauen nur zeigten, „was deutsche Männer uns nützlich und gefällig achten", werde die *Pomona* ihren Leserinnen „sagen, was ich als Frau dafür halte." Nicht verklemmt oder versteckt, sondern ganz dezidiert hat La Roche hiermit einen weiblichen Blickwinkel formuliert und voller Selbstbewusstsein zur Grundlage ihrer Arbeit gemacht, was literatur- und kulturgeschichtlich gesehen eine Sensation war. Etwas Vergleichbares hatte es vorher noch nicht gegeben, es machte auch europaweit Aufsehen. So wird kolportiert, dass Katharina die Große fünfhundert Exemplare bestellt, aber nicht bezahlt habe. Wie dem auch gewesen sein mag – es zeigt zumindest, dass die Zeitschrift ein enormer Erfolg war und in allen höheren Schichten gelesen wurde.

Doch des Bemerkenswerten ist noch mehr – *Pomona* nahm von Beginn an einen internationalen Standpunkt ein, wie Jeannine Meighörner beschrieben hat:

> *Sophie brachte Gedichte, eigenhändige Übersetzungen aus der Auslandspresse, Lektüreempfehlungen, mit einer Vorliebe für Autorinnen, und bunte Informationscollagen aus den Bereichen Mode, Natur, Kunst, Ernährung und Wissenschaft mit einem Faible für Themen aus der Medizin (...). Wirklich herausragend waren ihre vier umfassenden Sonderbeiträge über England, Frankreich, Italien und Deutschland des Jahrgangs 1783. Sie schilderte die Länder erstmals aus weiblicher Perspektive, um ihren Leserinnen ein Gefühl für die Kulturleistungen ihrer Geschlechtsgenossinnen zu vermitteln. So benannte sie in den Nationen-Artikeln über 60 Frauen, die als Autorinnen hervorgetreten waren, ergänzt durch Vorzeigefrauen aus anderen Disziplinen. (...)*
> *Wenden wir uns kurz ihrem letzten Aufsatz* Ueber Teutschland *zu. Dort benennt sie weniger herausragende Frauen als zuvor. Sophie begründet dies damit, dass die „Frauengelehrsamkeit es in Teutschland schwerer hätte", eine mutige Kritik. So schilderte sie das Wirken der frühmittelalterlichen Dichterin Hrotsvit von Gandersheim (935–973) und erinnerte an Anna Maria von Schurmann (1607–1678), die insgesamt 14 Sprachen beherrschte oder an die erste promovierte Medizinerin Dorothea Christiane Erxleben (1715–1762). Sophie porträtierte diese Frauen mit der Intention, das weibliche Selbstbewusstsein zu stimulieren, und schrieb dazu: „Ich hoffe, meine Leserinnen sind mit mir zufrieden, dass ich vorerst mit den Verdiensten unsres Geschlechts bekannt mache, weil ich sie dadurch ihre eigenen Fähigkeiten näher kennen lehre, und vielleicht den edlen Ehrgeiz erwecke (...)." Eine eindeutige Ermunterung, die stiefmütterliche deutsche Frauenbildung mit eigenen Lerninhalten zu bereichern. Monika Nenon sieht in den Länderheften „auch ein Beispiel für den Beginn der Frauengeschichtsschreibung in Deutschland".*

Sophie von La Roche an ihrem „Schreibetisch" um 1799

So umwerfend diese internationale und historische Orientierung auch ist, es wird ein Schwachpunkt der Länderhefte zu England oder Frankreich sichtbar – Sophie von La Roche schrieb über Länder, in denen sie selbst noch nicht gewesen war. Aber genau das sollte sich sehr bald ändern.

Nach zwei Jahren stellte La Roche ihre Zeitschrift wieder ein, sie hatte gut verdient, war aber auch völlig überlastet. Jetzt wollte sie endlich selbst die Länder besuchen, von denen sie vorher nur gelesen und geschrieben hatte.

Damit erfüllte sie sich endlich einen Traum, dessen Realisierung ihr lange verwehrt geblieben war. Während ihr Mann beruflich viel unterwegs gewesen war, hatte sie sich um ihre Kinder kümmern müssen. Nur in ihrem Werk war sie schon längst gereist, geistig, nach England zum Beispiel, jetzt aber und erst recht nach dem Tod ihres Mannes wollte sie etwas von der Welt sehen und unternahm mehrere Reisen, aus denen insgesamt fünf Reisejournale entstanden sind: 1787 veröffentlichte sie das *Tagebuch einer Reise durch die Schweiz* und ihr *Journal einer*

Reise durch Frankreich, im Jahr darauf das *Tagebuch einer Reise durch Holland und England*. 1793 erschienen ihre *Erinnerungen aus meiner dritten Schweizerreise* und 1800 schließlich die *Reise von Offenbach nach Weimar und Schönebeck im Jahr 1799*.

Diese lange Zeit in Vergessenheit geratenen Journale liegen heute in einer Auswahl wieder als *Reisetagebücher* vor.

An Wieland schrieb La Roche 1784:

> *Ich rüste mich zu einer Reise in die Schweiz und werde an diese im August eine nach Paris anknüpfen. Nach Bern gehe ich nicht, auch nicht nach Neuchâtel (. . .). Aber Lausanne, den Genfersee, Zürich und eine Bauerhütte will ich sehen. Das gibt dann einen artigen Kontrast. Wunder der Natur in der Schweiz, Wunder der Kunst in Frankreich. Und davon eine lebhaft gefühlte Reisebeschreibung gemacht.*

Sie reiste also bereits mit dem Vorsatz, einen Reisebericht zu verfassen, und hatte sich sogar schon mit einem Verlag in Verbindung gesetzt. So professionell dieser Ansatz war, so außergewöhnlich war er doch gleichzeitig. Dass ein junger Mann wie Herder oder Goethe durch die Weltgeschichte reiste, war Mitte und Ende des 18. Jahrhunderts mehr oder weniger normal, wenn auch durchaus nicht selbstverständlich angesichts der finanziellen Aspekte und der physischen Belastungen eines solchen Unternehmens. Reisen von Frauen waren in jeder Hinsicht die Ausnahme, und weil sich das erst um die Mitte des 19. Jahrhunderts ändern sollte, kommt Sophie von La Roche ein Pionierstatus zu, als sie sich mit ihren 54 Jahren auf den Weg machte.

In Briefen, die sie an ihre Töchter zu Hause richtete, schilderte La Roche ihre ersten Eindrücke – die sie erstaunlicherweise zunächst in ihre Vergangenheit zurückführten:

> *Der Bodensee, dessen Wasser ich erblickte, rief mir meine erste Jugend zurück, wo ich in Lindau von meinem nun verewigten Vater die ersten Lehren erhielt, auf die Wunder der Schöpfung sorgsam zu achten, weil ich in ihnen eine immerwährende Quelle der besten Freuden finden würde. In Lindau hatte ich schon vor vierzig Jahren die Begierde bekommen, einmal die Schweiz zu sehen, und an der Gränze dieses mir lieben Landes sah ich die Gegend, wo meine bewundernde Liebe anfieng.*

Dieser „Begierde" konnte sie nun nachgeben. Beinahe hätte sie den Montblanc bestiegen, aber immerhin konnte sie einen unvergesslichen Eindruck dieser Bergwelt aufzeichnen:

Endlich kamen wir nach einer Wendung zwischen grosen mit schönem Moos und kleinen Blümgen bedeckten Steinen auf die Höhe, hatten den mit ewigen Eis bedeckten Mont blanc vor uns, die nackte Felsenspitze des Dru zu einer, und die Aiguille du midi zur andern Seite. Einige Schritte weiter zu unsern Füssen das Eismeer in dem ziemlich breiten Thal zwischen diesen Bergen hingezogen; wirklich in Gestalt hoher Wellen, die sich aus der Höhe herabwälzen, und Granitblöcke mit sich führen, die so gros wie mein halbes Zimmer sind. Zwischen ihnen Pyramiden von glänzenden Eis, wie von Cristal, und der Einschnitt, welcher eine weiße Welle von der andern absondert, mit himmelblauen Eis besetzt. Man lernt an Allmacht glauben, wenn man hier steht, und die Felsen sieht. Wie klein, wie niedrig scheint aller Stolz der Welt, alles, wovon wir eine grose Idee hatten.

Aber es sind doch letztlich nicht die Naturschilderungen, sondern ihre Einblicke in die Gesellschaft der fremden Länder, die Sophie von La Roche besucht hat, welche den Rang der Reisejournale ausmachen. So zeigt sich ihr genauer Blick für die soziale Realität etwa im Paris des Jahres 1785, wo sie die Klassenteilung an einer Straßenszene abliest:

Ich fühlte sehr deutlich, wie richtig ich gesagt hatte, dass ich zwo sonderbare Reisen machen, und in der Schweiz die Wunder der Natur, und in Paris die Wunder der Kunst im Grosen und Kleinen sehen würde. Die Nation scheint hier in sehr vieler Rücksicht nur in zwo Klassen geteilt zu seyn; wovon die eine und geringere Zahl nur immer wünscht, genießt, und wie verwöhnte Kinder alles wegwirft, und was Neues haben will; die andere grösere Zahl hingegen ist nur beschäftigt, die Grillen und den Eigensinn der Erstern zu vergnügen, denn dem Zuschauer schwindelt bey der Eile, dem Laufen und Zappeln dieser Klasse. Erblickt man aber zugleich die engen Gassen und die vielen Fußgänger, welche zwischen Kutschen und Karren eingezwängt sind, so wird einem ganz angst ums Herze.

Sophie von La Roche hat selbst beschrieben, wie wichtig es ihr im Unterschied zu anderen Reisenden war, hinter die Kulissen zu sehen, anstatt sich von den schönen Fassaden blenden zu lassen.

Ich weis nicht, in wie weit das gemeine Volk in England oder Holland an der Reinlichkeit Antheil nimmt, welche an diesen zwo Nationen bewundert wird; aber das ist gewis, dass diese Tugend hier nicht herrscht, und dass gemeine Weiber, Kinder und Männer ekelhaft schmutzig sind, und dass viele tausende in den elendesten Winkeln wohnen, vor welchen das Auge zurück bebt. Denn ich habe auf allen meinen Reisen nicht traurigers und unreinlichers gesehn, als ich hier in diesen wenigen Tagen an vielen hundert Häusern sah. Unsere jungen und reichen Reisende werden durch den Schimmer geblendet, welcher ganz natürlich in der Hauptstadt eines grosen Königreichs glänzt, wo unter acht mal hundert tausend Menschen so viel Grose und Reiche sind, bey denen äusserliches Ansehen alles zu seyn scheint, und alles darauf verwendet wird. Mein Geist ist für das Geschmackvolle Schöne, welches in Gebäuden, Kleidung und Geräthe herrscht, gar nicht gleichgültig. Im Gegenteil segne ich die Reichen, welche so vielen Künstlern und Arbeitern Brod geben. Aber der so nahe daran gränzende Anblick des höchsten Elends rührt zugleich mein Herz, und ich kann es nicht stillen, ungeachtet öfter gesagt wurde: O hier müssen sie dies nicht achten, denn sonst werden sie durch die Fühlbarkeit ihres Herzens eben so unglücklich, wie es diese Leute sind!

Und selbst bei diesen starken sozialkritischen Schilderungen bleibt La Roche noch nicht stehen, sie „muss" noch weiter vordringen an den Rand der Pariser Gesellschaft, was so gar nicht zum bildungsbürgerlichen Selbstverständnis einer deutschen Frau dieser Jahre gehörte – wohl aber zum Selbstverständnis von Sophie von La Roche, die mit offenen Augen für das Leben anderer Frauen durch Europa reiste:

Gewis, das Volk in Paris muss dem gerechten gefühlvollen Fremden schätzbar werden, und er muss es bedauern, wenn er sieht, wie viele Mühe es sich giebt, so kümmerlich lebt, so viel arbeitet, und so wenig Glück und Achtung genießt. Denn man sieht auf den Strassen, wie geringe diese menschlichen wesen geschätzt werden; man höre nur Reiche vom Volk sprechen, welch ein Ton! was für Blicke auf den, der nicht nach den Gesetzen der phantastischen Mode gekleidet ist! Man muss aber auch in den kleinen Gässgen von Paris herumfahren, muss die elenden Winkelgen sehen, wo diese Menschen wohnen. Es sind welche darunter, wovon wir uns gar keinen Begriff machen können. (...) Die, wie man behauptet, eine Stunde lange Strasse St. Honoree ist Abends sehr angenehm wegen den vielen stark beleuchteten Boutiquen aller möglichen Kaufleute. Da sieht man auch die vielen armen Mädgen, welche mit allerley Minen und Geberden Mannspersonen anzulocken suchen, auf allerley Art geputzt, entweder am Fenster oder an der Thüre. Wir sahen mit äusserstem Mitleiden auf diese armen Geschöpfe, dachten, wie schnell ihre Jugend vorüber flieht, und wie elend ihre künftigen Tage seyn werden.

Hier gehen Sozialkritik, Empfindsamkeit und Moralität ineinander über. Sie fragte sich, wie Menschen im Theater heulen konnten, aber öffentliche Hinrichtungen scheinbar ungerührt hinnahmen; sie beschrieb die Dekadenz Marie Antoinettes, bei deren Anblick niemand auf der Straße „Vive la Reine!" rief, weil das Volk zwar „Lasten trägt", aber nicht „kriecht", wie man ihr diese Missbilligung erklärte. Auf diese Weise sammelte La Roche Eindrücke aus erster Hand. Im Vorwort ihres nächsten Journals reflektierte La Roche ihre Reisen:

Wieder eine Reise! werden meine Freunde, meine Kinder und Bekannte sagen. – Ja, es werden Alle staunen, dass eine Frau, in meinen Jahren, die Gelegenheit und den Willen hat, solche Reisen zu machen, welche sonst ganz allein die Sache der Jugend, des Reichtums, der Freiheit und der Geschäfte sind. Yorik setzte noch zwei Arten Reisende hinzu: Kranke, die eine Hülfsquelle aufsuchen, – und Wissbegierige, welche sich, auch ausser ihrem Wohnort, nach der Erde und ihren Kindern umsehen. Zu der letzten Gattung gehöre ich; und meine Geschäfte sind – an der Seite einer höchst edlen Freundin, welche wegen ihrer Gesundheit reiset – mich umzusehen, und alles zu bemerken, was mir Unterricht und Freude geben kann.

Mit dieser Haltung reiste sie nun nach – England. Endlich kam sie in das Land ihrer Träume und Ideale, das Land, „nach welchem meine ganze Seele begierig war". Auf dieser Reise von 1786 sah sie sich natürlich alle berühmten Ecken in London an, doch ihr Besuch in Westminster Abbey machte den Reisebericht nicht singular. In jeder Hinsicht einmalig war ihr Wunsch, das „Tollhaus Bedlam" zu sehen. Die berühmte Sophie von La Roche, erfolgreiche Schriftstellerin und ehemalige Herausgeberin einer Frauenzeitschrift, eine selbstbewusste Frau mit offenen Augen für die sozialen Ungerechtigkeiten und die Leiden von Pariser Prostituierten, suchte in England eine Psychiatrie auf. Welche andere Frau und Schriftstellerin, welcher andere Schriftsteller – Herder, Goethe? – hätte dies gegen Ende des 18. Jahrhunderts überhaupt erwogen oder gewollt?

Von diesen leichten Bemerkungen über die Einbildungskraft wurde ich nach Moorfields zu dem berühmten Tollhaus Bedlam geführt, wo der höchste und traurigste Grad der angespannten Einbildung einige hundert Unglückliche versammelt.

Ich hatte immer Abscheu, ein solches Haus zu sehen, wo mein Herz von dem Anblick des Elends zerrissen, und von Widerwillen gegen Obere und Vorgesetzte empört würde, ohne dass mein Schmerz oder mein Unmuth den armen Leidenden etwas helfen könnte. (...) hier überwand Neugier den Abscheu. – Ich wollte diese Anstalt in London als einen Probierstein der Wahrheit ihrer Menschenliebe sehen (...)

Es war ehemals ein Kloster, wo das Übermaß der schönsten Leidenschaft, Frömmigkeit, die Zellen mit Freiwilligen bevölkerte – jetzo bringt der Schmerz betrogener Liebe, des Ehrgeizes, der Eitelkeit, des Hasses, der Trauer, und so vieler andern Bewegungen unserer Seele – so Viele hieher! (...)

Der Inspektor ist ein sehr vernünftiger, menschenfreundlicher Mann. Auf jeder Stufe der Treppe, die er uns in die Höhe führte, wurde mir banger. (...) Viele Mannspersonen giengen hier ruhig auf und ab, und grüßten den Inspektor sehr freundlich. Ein Bedienter öffnete einige Zellen (...). „Hier werden Sie einen Mann sehen, der sehr krank war – Hier ist einer, der sehr krank ist." – Nie kam der harte Ausdruck: Narr! oder toll! aus seinem Munde. (...)

Die Reinlichkeit, die Ordnung, die Sanftmuth, mit welcher diese Elende besorgt wurden, und ihr Zustand dabei – Alles erschütterte und rührte mich; besonders die liebevolle Schonung. – Der Inspektor sagte uns: „Es sey Anstalt des Herrn Doktor Monro, welcher ihnen allen verboten, keinen von diesen Unglücklichen weder mit Mienen noch Worten, noch weniger mit Drohen zu misshandeln oder zu schrecken."

Er sagt: „Ihre Seele hat ein Fieber; dieses kann allein durch sanftmüthiges und gelindes Betragen geheilt werden. (...) es ist gewiss,

dass diese anhaltende Sanftmuth und Güte eine unausbleibliche gute Wirkung hat: (. . .) und Viele werden geheilt."
Es war mir aber traurig zu hören, dass in London noch über dreihundert Privathäuser sind, worein Wahnsinnige aufgenommen werden (. . .).
Diese Menge von Anstalten für Wahnsinnige sind ein demüthigendes Gegengewicht der Vorzüge des Tiefsinnes und der Anlage zur Philosophie, welche die englische Nation bezeichnen; und ich wünschte nur zu wissen, ob diese Anstalten in den Provinzstädten und auf dem Lande eben so nöthig sind, als in der Hauptstadt, wo die Leidenschaften mehr gereizt und mehr genährt werden.

Es kann kein Zweifel daran bestehen, dass Sophie von La Roche auch deshalb eine bemerkenswerte Frau war, weil sie auf bemerkenswerte Art gereist ist. Während Goethe und Herder in geradezu konventioneller Manier die antiken Schätze in Rom aufsuchten, eben im Sinn der klassischen Bildungsreise, suchte La Roche gezielt auch die Berührung mit den gesellschaftlichen Tabuzonen in einem Londoner Irrenhaus, womit sie zu einer Vorläuferin von Hubert Fichte wurde, der einhundertsiebzig Jahre später Interviews mit Prostituierten machte und die afrikanische Psychiatrie erforschte.

Daher ist es sehr bezeichnend, dass die erste Herausgeberin einer deutschen Frauenzeitschrift in den Zirkeln der Weimarer Prominenz nicht eben wohlgelitten war, weder bei Wieland, den sie auf ihre alten Tage wiedersehen wollte, noch bei Goethe. Einzig Herder, den La Roche als „Genius der Humanität" verehrte, wusste die „Herzensgüte" ihrer Bücher zu schätzen.

Die Reisen dieser poetischen Journalistin endeten 1807 in Offenbach.

II. Reisen auf dem Weg in die moderne Welt

Von der Romantik zum Realismus –
Heinrich Heines *Reisebilder*

Heine wurde in Düsseldorf geboren und starb in Paris. So ganz freiwillig war er nicht in die französische Hauptstadt geraten, was nicht heißt, dass es ihm dort nicht gefallen hätte. Sein Exil ermöglichte es ihm, einem französischen Publikum Deutschland und den Deutschen Frankreich zu erklären, was er auch tat.

In der Literaturgeschichte hat sich Heine aber nicht allein mit dieser deutsch-französischen Mittler-Rolle verewigt, sondern selbstredend mit der *Lorelei*. Niemand wird bestreiten, dass es sich bei diesem Gedicht um ein wunderschönes Stück Literatur handelt, in seiner Einfachheit geradezu genial, sehnsüchtig, traurig, hochpoetisch. Allerdings war sich Heine, wie Jeffrey L. Sammons betont hat, schon früh darüber im Klaren, dass man angesichts der sich rapide modernisierenden Welt und den Widersprüchen in der Gesellschaft mit sentimentalen Gedichten zwangsläufig eher reaktionäre Bedürfnisse befriedigen musste – um die Hässlichkeiten und die Heuchelei mit schönen Versen zu verkleiden. Daher entwickelte er eine Art des poetischen Spiels, indem er schöne Bilder immer wieder zerstörte oder ironisch und satirisch verzerrte.

Diese beißende Ironie ist dann auch zu seinem Markenzeichen und seiner Erkennungsmelodie geworden, etwa wenn er sich im Anschluss an einen Aufenthalt in Berlin über Hegels Vorlesungen lustig machte:

> *Zu fragmentarisch ist Welt und Leben!*
> *Ich will mich zum deutschen Professor begeben.*
> *Der weiß das Leben zusammenzusetzen,*
> *Und er macht ein verständlich System daraus;*
> *Mit seinen Nachtmützen und Schlafrockfetzen*
> *Stopft er die Lücken des Weltenbaus.*

Es ist weit mehr als „sich lustig machen“. Auch wenn man diesen Aspekt nicht überstrapazieren sollte, ließe sich Heine hier doch eindeutig in die Tradition von Hamann und Herder stellen, die jede Form von Systemphilosophie bekämpft hatten und stattdessen immer dem Fragment, dem Bruchstück den Vorzug gaben. Heines Kritik am ganzheitlichen, totalen System, das nur ein mit Nachtmützen ausgestopftes sein konnte, ist ja nicht irgendein Gedanke unter vielen, sondern eins der Grundprobleme der Philosophie schlechthin.

Hegels Anspruch, das Wahre könne nur das Ganze sein, wurde später von Adorno im Licht historischer Erfahrung mit aller Entschiedenheit in sein Gegenteil umgebogen: „Das Ganze ist das Falsche". Ja, würden Hamann, Herder und auch Heine zustimmen, weil ein jedes, auch noch so schönes System immer schematisch sein muss, das Besondere, das Individuelle, die Schrullen und Grillen aber niemals in die Schublade passen würden – sodass der gute deutsche Systemphilosoph die Schublade schließlich mit Wucht zuwerfen würde, damit auch nichts klemmt.

So war es kein Zufall, dass sich Heine, der an Romanversuchen scheiterte, in den kleinen Formen immer am wohlsten fühlte, dass die Texte, mit denen er berühmt wurde, vor allem Essays waren. Zu ihnen gehören die *Reisebilder*.

Das Thema der Reise taucht in Heines Werk zuerst als Ergebnis einer Wanderung durch den Harz auf, die er im September und Oktober 1824 unternommen hatte. Hier schlug er seinen unerbittlichen ironischen Ton an, der seine Werke so unverwechselbar macht. Die *Harzreise* beginnt mit den Worten:

> *Die Stadt Göttingen, berühmt durch ihre Würste und Universität*
> *(...)*

Da war schon der ganze Heine drin, im Kleinformat, mit seiner nicht zimperlichen Gleichsetzung des Profanen und des Prätentiösen, mit der er natürlich der etablierten Kultur, dem Göttinger Bildungsbürgertum, das er während seines Studiums erlebt hatte, ins Gesicht schlug. Man kann geradezu hören, wie sich aus dieser Wortverbindung „Würste" und „Universität" die Assoziation des Verwurstens und des „vor sich Hinwurstelns" einstellen. Ein Freund des Akademischen war Heine sicher nicht. Und so geht es munter weiter:

> *Im allgemeinen werden die Bewohner Göttingens eingeteilt in Studenten, Professoren, Philister und Vieh; welche vier Stände doch nichts weniger als streng geschieden sind. Der Viehstand ist der bedeutendste.*

Wer also noch Zweifel an der Ironie hatte und der damit transportierten Kritik, wird hier eines Besseren belehrt. Der Text strotzt nur so vor Verdrehungen und Rundumschlägen. Die Form des Reiseberichts ist es, die hier von Heine als Möglichkeit der satirischen „Abrechnung im Vorübergehen" genutzt wird, um die Heucheleien vor allem des saturierten, konservativen, selbstzufriedenen Bürgertums zu denunzieren. Damit hat sich Heine nicht nur Freunde gemacht.

Auf seiner Wanderung kam Heine auch nach Goslar, wo es eine Kaiserpfalz gibt, vornehmlich aus salischer Zeit. Diese Pfalz wurde erst unter Wilhelm I., also nach 1871, wieder saniert, zur Zeit von Heine waren nur noch ein paar Ruinen sichtbar. Die meisten Steine waren längst abgetragen worden, vom gegenüberliegenden „Goslarer Dom" war nur noch die Vorhalle erhalten. Heine schildert seinen Eindruck wie folgt:

> *Das Rathaus zu Goslar ist eine weißangestrichene Wachtstube. (…) Ungefähr von der Erde und vom Dach gleichweit entfernt stehen da die Standbilder deutscher Kaiser, räucherig schwarz und zum Teil vergoldet, in der einen Hand das Szepter, in der andern die Weltkugel; sehen aus wie gebratene Universitätspedelle. Einer dieser Kaiser hält ein Schwert, statt des Szepters. Ich konnte nicht erraten, was dieser Unterschied sagen soll; und es hat doch gewiss seine Bedeutung, da die Deutschen die merkwürdige Gewohnheit haben, dass sie bei allem, was sie tun, sich auch etwas denken.*
>
> *In Gottschalks Handbuch hatte ich von dem uralten Dom und von dem berühmten Kaiserstuhl zu Goslar viel gelesen. Als ich aber beides besehen wollte, sagte man mir: der Dom sei niedergerissen und der Kaiserstuhl nach Berlin gebracht worden. Wir leben in einer bedeutungsschweren Zeit: tausendjährige Dome werden abgebrochen, und Kaiserstühle in die Rumpelkammer geworfen.*

Hier macht sich schon so etwas bemerkbar wie Dialektik der Aufklärung oder die Doppelgesichtigkeit der Modernisierung. Gerade diese Zeit war es ja, in der Industrialisierung und Mechanisierung heraufzogen, das Alte zu verrotten begann oder gleich abgerissen wurde. Das, was historische Identität stiften konnte, verschwand durch die Ignoranz der Gegenwart. Und so wird Heines Beobachtung zu einer treffenden Charakterisierung des Zeitalters überhaupt. Im Abbrechen der Dome muss man auch ein Bild für den Bedeutungsverlust der Religion überhaupt sehen, der mit der Aufklärung einsetzte und dann schließlich im späteren 19. Jahrhundert, es sei nur Nietzsche erwähnt, vollends wirksam wurde.

Im weiteren Verlauf der Harzreise stieg Heine auf den Brocken. Hier eine kurze Beobachtung aus einem Gasthaus:

> *Das Buch, das neben mir lag, war (...) nicht der Koran. Unsinn ent-*
> *hielt es freilich genug. Es war das sogenannte Brockenbuch, worin*
> *alle Reisende, die den Berg erstiegen, ihre Namen schreiben, und die*
> *meisten noch einige Gedanken, und in Ermangelung derselben, ihre*
> *Gefühle hinzunotieren. Viele drücken sich sogar in Versen aus. In*
> *diesem Buche sieht man, welche Greuel entstehen, wenn der große*
> *Philistertross bei gebräuchlichen Gelegenheiten, wie hier auf dem*
> *Brocken, sich vorgenommen hat, poetisch zu werden.*

Unsinn – Greuel – Philistertross. Damit charakterisierte Heine nicht nur die Halbbildung, das Halbwissen des spießigen Bildungsbürgertums, sondern auch die Literatur seiner Zeit. Herder hatte sich Jahrzehnte vorher über eine Literatur aufgeregt, die nicht von Dichtern verfasst war, sondern eher von „Ärzten und Aufsehern und Greisen" zu stammen schien. Den etablierten Gegenwartsautoren wurde kurzerhand die Fähigkeit zu schreiben abgesprochen und bei Heine waren es vor allem die Philister und Biedermeier, die auf den Brocken stiegen, dabei an Goethe dachten, schöne Verse schmiedeten und sich gebildet dabei vorkamen.

In der *Harzreise*, wie könnte es anders sein, gibt es verschiedene Bezugnahmen auf Goethe, auf Werther, Faust, die Walpurgisnacht, aber die tatsächliche Begegnung mit Goethe in Weimar wird in Heines Text vollständig ausgelassen. „Ich (...) will nur ihre Hand küssen und wieder fort gehen", so hatte sich Heine bei Goethe angekündigt. Aber das Treffen war nur eine kurze und für keinen der beiden bedeutsame Begegnung.

Goethe war für Heine bzw. für die gesamte junge Generation der Schriftsteller eine zentrale Gestalt eben jener verwehenden „Kunstperiode" der deutschen Klassik, von der man sich absetzen musste. Vor allem der alte Goethe repräsentierte das große Gegenbild zu den Autoren des Jungen Deutschland, zur harten Kritik, zur strengen Polemik von Heine, überhaupt zur Politisierung der Literatur. Goethes mythisch-vielschichtige Spätwerke wiesen keinerlei Berührungspunkte mit der locker-ironischen Herangehensweise in Heines Texten auf. Die *Harzreise* und die anderen *Reisebilder* waren Heines essayistische Form, um Beschreibungen, Kritik, Kommentare miteinander zu verknüpfen und die soziale Realität und alltagsbezogene Aspekte in einem ganz neuen Maß in die Literatur mit einzubeziehen, was man von *Wilhelm Meisters Wander-jahren* oder *Faust II* nicht behaupten konnte.

Im November 1825 siedelte Heine nach Hamburg über, wo seine Anwaltskarriere aber so schnell scheiterte wie jene Goethes in Frankfurt. Darüber half ihm seine Bekanntschaft mit Julius Campe von Hoffmann und Campe hinweg, der künftig Heines Werke verlegen sollte und seinen neuen Autor finanziell gut versorgte – was Heine später in *Deutschland. Ein Wintermärchen* auch explizit betonte.

Die Sommer 1825 und 1826 verbrachte Heine auf Norderney. Aus diesen Aufenthalten entstanden die beiden Zyklen *Die Nordsee*, deren freie Rhythmen nichts mehr zu tun hatten mit Heines frühen volksliedhaften Dichtungen. Im zweiten Zyklus findet sich der Abschnitt *Der Schiffbrüchige.*

> *Hoffnung und Liebe! Alles zertrümmert!*
> *Und ich selber, gleich einer Leiche,*
> *Die grollend ausgeworfen das Meer,*
> *Lieg ich am Strande,*
> *Am öden, kahlen Strande.*
> *Vor mir woget die Wasserwüste,*
> *Hinter mir liegt nur Kummer und Elend,*
> *Und über mich hin ziehen die Wolken,*
> *Die formlos grauen Töchter der Luft,*
> *Die aus dem Meer, in Nebeleimern,*
> *Das Wasser schöpfen,*
> *Und es mühsam schleppen und schleppen,*
> *Und es wieder verschütten ins Meer,*
> *Ein trübes, langweil'ges Geschäft,*
> *Und nutzlos, wie mein eignes Leben.*

Im Text verknüpfte Heine Bilder der Meereswelt mit persönlichen Empfindungen, Empfindungen der Mühe, Niederlage und Zweifel, die ziemlich sicher auch Heines berufliche Situation gespiegelt haben dürften. Es entstand aber noch ein dritter Teil der *Nordsee*, bei dem es sich um das Prosastück *Norderney* von 1826 handelt. In diesem kurzen Text gibt es eine sehr dichte lyrische Passage:

> *Man sagt, unfern dieser Insel, wo jetzt nichts als Wasser ist, hätten*
> *einst die schönsten Dörfer und Städte gestanden, das Meer habe sie*

plötzlich alle überschwemmt, und bei klarem Wetter sähen die
Schiffer noch die leuchtenden Spitzen der versunkenen Kirchtürme,
und mancher habe dort in der Sonntagsfrühe sogar ein frommes
Glockengeläute gehört.

Einmal mehr hat Heine auf der Reise Bilder gefunden, mit denen er auf
das Verschwinden der Vergangenheit hinweisen konnte, auf den wort-
wörtlichen Untergang der alten Zeit, sodass nur noch die Kirchtürme
hervorgucken aus dem Meer der Veränderung. Ähnliche Motive fanden
sich ja bereits in der *Harzreise*, hier werden sie mit leicht gespenstischer
Wirkung aufgeladen. Aber auch persönliche Reflektionen sind in diese
Texte eingegangen, mit denen sich Heine als Dichter, als Autor selbst definierte:

> *Wahrlich, in diesem Augenblicke fühle ich sehr lebhaft, dass ich*
> *kein Nachbeter oder, besser gesagt, Nachfrevler Byrons bin, mein*
> *Blut ist nicht so spleenig schwarz, meine Bitterkeit kömmt nur aus*
> *den Galläpfeln meiner Tinte, und wenn Gift in mir ist, so ist es*
> *doch nur Gegengift, Gegengift wider jene Schlangen, die im Schutte*
> *der alten Dome und Burgen so bedrohlich lauern.*

Wieder das Bild der alten Dome, der kaputten Kirchen, des Zerfalls –
Bilder eines Epochenwandels, auf den Heine, wie er selbst sagt, mit
einem Gegengift reagierte. Seine Literatur wurde ihm zum Gegengift
gegen die anmaßenden Bevormundungen und die Bigotterie eines
längst toten Feudalismus, der Restauration, wie sie sich etwa in der Zensur zeigte. All diese Bilder des Umbruchs sind aus den Reisen, aus den
Wahrnehmungen während des Unterwegsseins hervorgegangen.

In der Restaurationsepoche sorgte die Zensur dafür, antifeudale, anti-
monarchische Spöttereien und Kritik, demokratische und liberale Propaganda zu unterdrücken. Und die Zensurbedingungen belasteten einen
Freigeist wie Heine so stark, dass er seinen nicht unvermögenden Onkel
Salomon Heine in Hamburg bat, ihm eine Reise nach England zu finan-
zieren, was dieser dann auch tat. Zwischen April und August 1828 hielt
sich Heine also vorwiegend in London und in einigen Seebädern auf. Die
auf dieser Reise gemachten Beobachtungen hat er in den *Englischen Frag-*
menten zusammengefasst, die voller sozialkritischer Äußerungen sind:

> *Aber schickt keinen Poeten nach London! Dieser bare Ernst aller*
> *Dinge, diese kolossale Einförmigkeit, diese maschinenhafte Bewe-*

gung, diese Verdrießlichkeit der Freude selbst, dieses übertriebene London erdrückt die Phantasie und zerreißt das Herz. Und wolltet ihr gar einen deutschen Poeten hinschicken, einen Träumer, der vor jeder einzelnen Erscheinung stehen bleibt, etwa vor einem zerlumpten Bettelweib oder einem blanken Goldschmiedladen – o! dann geht es ihm erst recht schlimm, und er wird von allen Seiten fortgeschoben oder gar mit einem wilden God damn! *niedergestoßen.* God damn! *das verdammte Stoßen! Ich merkte bald, dieses Volk hat viel zu tun. Es lebt auf einem großen Fuße, es will, obgleich Futter und Kleider in seinem Lande teurer sind als bei uns, dennoch besser gefüttert und besser gekleidet sein als wir; wie zur Vornehmheit gehört, hat es auch große Schulden, dennoch aus Großprahlerei wirft es zuweilen seine Guineen zum Fenster hinaus, bezahlt andere Völker, dass sie sich zu seinem Vergnügen herumboxen, gibt dabei ihren respektiven Königen noch außerdem ein gutes Douceur – und deshalb hat John Bull Tag und Nacht zu arbeiten, um Geld zu solchen Ausgaben anzuschaffen, Tag und Nacht muss er sein Gehirn anstrengen zur Erfindung neuer Maschinen, und er sitzt und rechnet im Schweiße seines Angesichts und rennt und läuft, ohne sich viel umzusehen, vom Hafen nach der Börse, von der Börse nach dem* Strand, *und da ist es sehr verzeihlich, wenn er an der Ecke von Cheapside einen armen deutschen Poeten, der, einen Bilderladen angaffend, ihm in dem Wege steht, etwas unsanft auf die Seite stößt.* „God damn!"*

Der arme deutsche Poet war natürlich Heine selbst, überwältigt von der Wucht dieser Eindrücke. Aus den konkreten, alltäglichen Beobachtungen entwickelte Heine eine ganze Gesellschaftsanalyse, die in ihrer Anschaulichkeit ihresgleichen sucht:

Überall starrt Reichtum und Vornehmheit, und hineingedrängt in abgelegene Gässchen und dunkle, feuchte Gänge wohnt die Armut mit ihren Lumpen und ihren Tränen.
Der Fremde, der die großen Straßen Londons durchwandert und nicht just in die eigentlichen Pöbelquartiere gerät, sieht daher nichts oder sehr wenig von dem vielen Elend, das in London vorhanden ist. Nur hie und da, am Eingang eines dunklen Gässchens, steht schweigend ein zerfetztes Weib, mit einem Säugling an der abgehärmten Brust, und bettelt mit den Augen. Vielleicht wenn diese Augen noch

schön sind, schaut man einmal hinein – und erschrickt ob der Welt
von Jammer. Die gewöhnlichen Bettler sind alte Leute, meistens
Mohren, die an den Straßenecken stehen und, was im kotigen Lon-
don sehr nützlich ist, einen Pfad für Fußgänger kehren und dafür
eine Kupfermünze verlangen. Die Armut in Gesellschaft des Lasters
und des Verbrechens schleicht erst des Abends aus ihren Schlupfwin-
keln. Sie scheut das Tageslicht um so ängstlicher, je grauenhafter ihr
Elend kontrastiert mit dem Übermute des Reichtums, der überall
hervorprunkt; nur der Hunger treibt sie manchmal um Mittagszeit
aus dem dunkeln Gäßchen, und da steht sie mit stummen, sprechen-
den Augen und starrt flehend empor zu dem reichen Kaufmann, der
geschäftig-geldklimpernd vorübereilt, oder zu dem müßigen Lord,
der, wie ein satter Gott, auf hohem Ross einherreitet und auf das
Menschengewühl unter ihm dann und wann einen gleichgültig vor-
nehmen Blick wirft, als wären es winzige Ameisen oder doch nur ein
Haufen niedriger Geschöpfe, deren Lust und Schmerz mit seinen Ge-
fühlen nichts gemein hat – denn über dem Menschengesindel, das
am Erdboden festklebt, schwebt Englands Nobility, wie Wesen höhe-
rer Art, die das kleine England nur als ihr Absteigequartier, Italien
als ihren Sommergarten, Paris als ihren Gesellschaftssaal, ja die
ganze Welt als ihr Eigentum betrachten.

Von den Eindrücken der niedrigsten und ärmsten sozialen Realität ist
Heine zu einer Straßenszene übergegangen, fast filmisch laufen die Bilder der Bettler, des Kaufmanns, und am Schluss, also als Höhepunkt,
des Vertreters des englischen Adels ab. Die Szene ist sehr gewissenhaft
gebaut, um eben den thronenden Gott auf dem Pferd, den dekadenten
Lord oder Herzog zu charakterisieren, wie er auf dem Elend anderer
thront. Heines Hass auf den Adel, auf die ganze feudale Anmaßung
wird hier überdeutlich und sehr überzeugend ins Bild gesetzt. Nur geht
Heine noch weiter. Aus einer konkreten Straßenszene Londons baut
Heine eine konzentrierte Einschätzung des britischen Kolonialismus,
des British Empire. Er nimmt eine internationale Perspektive ein – die
„Nobility (...), die das kleine England nur als ihr Absteigequartier, Italien als ihren Sommergarten, Paris als ihren Gesellschaftssaal, ja die
ganze Welt als ihr Eigentum betrachten" –, die in jeder Hinsicht als mo-
dern zu bezeichnen ist. Diese Zusammenhänge konnten sich aber auch
nur so überzeugend ergeben, weil Heine eben unterwegs war und mit

sehr feinem literarischen Gespür die wahrgenommene Realität deutete. Heines Kritik an Englands Selbstzufriedenheit richtete sich gegen jene Macht, die seit dem Wiener Kongress die Legitimitätspolitik und damit die Restauration maßgeblich forciert hatte und mit ihrem Kolonialismus die ganze Welt überzog – wovon Rabindranath Tagore und Tania Blixen noch Jahrzehnte später berichten werden.

Die spätromantisch-persönlichen Motive traten bei Heine immer mehr hinter zeitkritischen Akzenten und Analysen zurück. Vor allem wurden Heines Texte ganz wesentlich durch Ortswechsel und Reisen geprägt, was ihre Modernität ausmacht. Schon bald nach seiner Rückkehr aus London begab er sich wieder auf eine Reise, dieses Mal nach Norditalien.

Italien also – womit sich wieder ein klarer Bezug zu Goethe herstellen lässt, etwa anhand des Verona-Kapitels in Goethes *Italienischer Reise* und Heines *Reise von München nach Genua*, eine Analogie, auf die Josef Jansen verschiedentlich hingewiesen hat. Der zeitliche Abstand beträgt dabei rund 42 Jahre, 1786 bzw. 1828.

Goethe hat folgende Eindrücke notiert:

> *Das Amphitheater ist also das erste bedeutende Monument der alten Zeit, das ich sehe, und so gut erhalten! Als ich hineintrat, mehr noch aber, als ich oben auf dem Rande umherging, schien es mir seltsam, etwas Großes und doch eigentlich nichts zu sehen. Auch will es leer nicht gesehen sein, sondern ganz voll von Menschen (...). Doch nur in der frühesten Zeit tat es seine ganze Wirkung, da das Volk noch mehr Volk war, als es jetzt ist. Denn eigentlich ist so ein Amphitheater recht gemacht, dem Volk mit sich selbst zu imponieren, das Volk mit sich selbst zum besten zu haben. (...)*
> *Wenn es sich so beisammen sah, musste es über sich selbst erstaunen; denn da es sonst nur gewohnt, sich durcheinander laufen zu sehen, sich in einem Gewühle ohne Ordnung und sonderliche Zucht zu finden, so sieht das vielköpfige, vielsinnige, schwankende, hin und her irrende Tier sich zu einem edlen Körper vereinigt, zu einer Einheit bestimmt, in eine Masse verbunden und befestigt, als eine Gestalt, von einem Geiste belebt.*

Heine hat eine anders gelagerte Beschreibung geliefert:

> *Über das Amphitheater von Verona haben viele gesprochen; man hat dort Platz genug zu Betrachtungen, und es gibt keine Betrach-*

Heinrich Heine 1831, zur Zeit
seiner Übersiedlung nach Paris

tungen, die sich nicht in den Kreis dieses berühmten Bauwerks ein-
fangen ließen. (...) Was mich betrifft, so gestehe ich, dass mein Ge-
fühl mehr Angst als Freude enthielt, wenn ich daran dachte, bald
umherzuwandeln auf dem Boden der alten Roma. (...)
Als ich das Amphitheater besuchte, wurde just Komödie darin ge-
spielt (...). Das Volk klatschte Beifall und zog jubelnd von dannen.
Das ganze Spiel hatte keinen Tropfen Blut gekostet. Es war aber nur
ein Spiel. Die Spiele der Römer hingegen waren keine Spiele, diese
Männer konnten sich nimmermehr am bloßen Schein ergötzen, es
fehlte ihnen dazu die kindliche Seelenheiterkeit, und ernsthaft wie
sie waren, zeigte sich auch in ihren Spielen der barste, blutigste
Ernst.

Unterschiedlicher könnten die Wahrnehmungen ein und desselben Or-
tes kaum sein. Während Goethe einer Idee früherer Größe nachhängt
und damit die „ganze Wirkung" der Arena, also auch ihre frühere Funk-
tion, hervorhebt, überkommt Heine ein Schauder. Bei den alten Schau-

spielen habe es sich gar nicht um Spiele gehandelt, sondern um „blutigen Ernst", sodass er sich freut, wenn das heutige Volk in der Arena Komödie spielt, das Volk, das Goethe nur als „Tier" begreifen konnte. Kurzum, an diesem Beispiel wird erkennbar, dass Italien für Heine *nicht Arkadien*, nicht das Land der Antike, der Größe, der Pracht war, nicht eine Quelle ewiger Bildung wie für Goethe. Heine reiste nicht in die Vergangenheit, sondern in die Gegenwart und ihre Alltäglichkeit.

Immer stärker wurde Heines Wunsch, Deutschland zu verlassen. Die Gründe dafür waren eine komplexe Mischung aus Antisemitismus und politischer Reaktion, wie sie sich in der Zensur zeigte. Vor diesem Hintergrund vollzog sich Heines Übersiedlung nach Frankreich. Unmittelbarer Anlass war die Juli-Revolution von 1830, in der jene Dynastie endgültig abdankte, die in der französischen Revolution zunächst gestürzt, dann nach dem Ende Napoleons in der Restauration aber wieder eingesetzt worden war, nämlich die Bourbonen. Viele Intellektuelle in Deutschland wurden von der neuen revolutionären Welle hinweggetragen und setzten Hoffnungen in Louis-Philippe, den sogenannten Bürgerkönig aus dem Hause Orléans, der den Thron bestiegen hatte.

Im Mai 1831 ging Heine nach Frankreich und begann für die Augsburger Allgemeine Zeitung einem deutschen Publikum ausführlich über die Entwicklungen in Frankreich zu berichten – aber die Zensur unterdrückte seine Artikel konsequent und versuchte, ihn endgültig mundtot zu machen.

Auch wenn sein Versuch, die Deutschen über Frankreich zu informieren, nur sehr begrenzt gelang, berichtete er den Franzosen über Deutschland. Diese parallele Kulturvermittlung hat unter anderem Texte wie die *Französischen Zustände*, die *Kunstberichte aus Paris*, *Zur Geschichte der Religion und Philosophie in Deutschland* und die *Romantische Schule* hervorgebracht. Und schon bald fühlte sich Heine in der weltoffenen Atmosphäre in Paris heimisch, er lernte zahlreiche Künstler wie Chopin oder Wagner kennen und traf Alexandre Dumas und Marx. Weil er auch auf Französisch publizierte und seine Texte sehr gewissenhaft übersetzen ließ, wurde er auch vom französischen Publikum wahrgenommen und geschätzt.

Aus dem Land der Philister war Heine ins Land der Freiheit geflohen. Aber es versteht sich von selbst: Eine Zeit des Reisens war es nicht.

Eine Reise unternahm Heine erst wieder viele Jahre später, zwischen Oktober und Dezember 1843, und zwar nach Deutschland, vor allem, um seine Muter wiederzusehen und ihr seine französische Frau Augustine vorzustellen. Das Gedicht *Deutschland. Ein Wintermärchen* ist unmittelbarer Reflex dieser Reise, jetzt wieder im Ton eines simplen Volkslieds gehalten, eine Art Bestandsaufnahme seiner Heimat, wie Heine sie nach 12, 13 Jahren Aufenthalt in Frankreich wiedersah – in lyrischer Form nahm er seinen kritischen „Rundgang" der früheren *Reisebilder* wieder auf.

Das *Wintermärchen* verbindet die Sicht von außen, die durch die räumliche und zeitliche Distanz möglich wurde, mit der intimen Kenntnis des Landes. Natürlich hat Heine nicht mit Spott und beißender Kritik gespart, als er seine Reise durch Deutschland literarisch gestaltete.

Berühmt geworden ist die Wendung von den preußischen Soldaten, die den Stock verschluckt haben, „womit man sie einst geprügelt". Die Hunde in Aachen würden sich freuen, wenn man ihnen einen Fußtritt verabreichte, um endlich einmal Abwechslung von der Langeweile in der Stadt zu erleben. Der Text ist durchzogen mit Wendungen wie „immer noch ..." – immer noch ist alles beim Alten, die gesellschaftlichen Zustände haben sich seit 1831 um keinen Deut verbessert.

In Köln geißelt Heine den Katholizismus, der einst Menschen und Bücher auf Scheiterhaufen verbrannt hat, sodass die Stadt bis heute von einem „Glaubenshass" geprägt sei. Es bekommt jeder sein Fett weg, nicht nur die Rheinländer, auch die Westfalen; über den Teutoburger Wald, diesen „klassischen Morast", wo Varus steckengeblieben ist, schreibt Heine:

> *Hier schlug ihn der Cheruskerfürst*
> *Der Hermann, der edle Recke*
> *Die deutsche Nationalität*
> *Die siegte in diesem Drecke.*

Dies lässt sich als deutlicher Reflex auf den aufkommenden Nationalismus lesen, vor dem Heine zeitlebens gewarnt hat. Dass er Nationalität bzw. Nationalismus mit einem Sieg „in diesem Drecke" identifiziert, kann niemand missverstehen.

Und weiter ging die Reise mit der Kutsche und zu Fuß, nach Paderborn, Münster, „das halbe Fürstentum Bückeburg", das schon Herder sauer werden ließ, „blieb mir an den Stiefeln kleben", weiter nach Hannover und schließlich nach Hamburg, das noch unter den Folgen des

Brands von 1842 litt. Aber nicht nur die Häuser waren zerstört, sondern auch die Menschen:

> *Noch mehr verändert als die Stadt*
> *Sind mir die Menschen erschienen,*
> *Sie gehn so betrübt und gebrochen herum,*
> *Wie wandelnde Ruinen.*

> *Die Mageren sind noch dünner jetzt,*
> *Noch fetter sind die Feisten,*
> *Die Kinder sind alt, die Alten sind*
> *Kindisch geworden, die meisten.*

> *Gar manche, die ich als Kälber verließ,*
> *Fand ich als Ochsen wieder (...)*

Das ist exakt der gleiche Ton wie zwanzig Jahre zuvor, als Heine über Göttingen, dessen Philister und die Würste schrieb. Mit einer sehr eleganten Härte fasst Heine abschließend seinen Gesamteindruck von Deutschland im Jahr 1843 zusammen:

> *So übel war es in Deutschland nie,*
> *Trotz aller Zeitbedrängnis –*
> *Glaub mir, verhungert ist nie ein Mensch*
> *In einem deutschen Gefängnis.*

Verhungert sind die Deutschen nicht – und leben doch in einem Gefängnis. Bei aller Sentimentalität, bei allem Heimweh hat sich Heines Einschätzung der politischen Situation Deutschlands nicht verändert. Es ist ein Land, in dem die Gedanken keineswegs frei sind.

Als 1848 die Februarrevolution in Paris ausbrach, ab März revolutionäre Unruhen Deutschland und ganz Europa erschütterten, war Heine bereits krank. Bald war er durch seine unheilbare Krankheit ans Bett gefesselt und bis zu seinem Tod 1856 konnte er diese „Matratzengruft" nicht mehr verlassen. Damit besaß er auch keine Möglichkeit mehr, neue Reisen zu unternehmen. Aber gerade auf seinen Reisen hatte Heine das Material gesammelt, mit dem er seine spätromantischen Ursprünge hinter sich ließ und zu einem welthaltigen Dichter wurde.

„Ein sittenstrenges, hartes, liebloses, zermürbendes Leben" – Isabella Bird im Wilden Westen

Die zweite Hälfte des 19. Jahrhunderts ließe sich als die Zeit beschreiben, in der Frauen zu reisen begannen. Endlich. Dabei hatte Sophie von La Roche ihren Geschlechtsgenossinnen bereits 50 Jahre zuvor ein willkommenes und nachzuahmendes Beispiel gegeben. Und vergessen wir das *Itinerarium* der Egeria nicht, die schon 381 nach Jerusalem gepilgert war und uns einen Reisebericht hinterlassen hat, der seinesgleichen sucht.

Diese singulären Gestalten und Vorreiterinnen ebneten zwar den Weg, dennoch machten sich Frauen erst spät auf, die Welt zu erkunden. Oder besser: Sie hatten sich erst spät auf den Weg machen können. Erst im 19. Jahrhundert lockerten sich die familiären und gesellschaftlichen Zwänge, die es den Frauen zuvor nahezu unmöglich gemacht hatten, auf eigene Faust um die Welt zu reisen. Sophie von La Roche hatte einen Ehemann gehabt, der ihr kurze Abstecher zu Freunden verbot und der sich, je älter er wurde, um so weniger für ihre Unternehmungen interessierte, solange er dadurch nicht gestört wurde. Es mag auch nicht ganz unbedeutend gewesen sein, dass seine Frau als erfolgreiche Schriftstellerin und Herausgeberin einer Zeitschrift Geld nach Hause brachte. Dies alles war aber um 1800 noch nicht genug, um allein, ohne die Begleitung von Freundinnen und Freunden, reisen zu können.

Die Frauen des mittleren und späten 19. Jahrhunderts hingegen konnten sich allein auf den Weg machen und sie reisten, daran kann kein Zweifel bestehen, um eben diesen Zwängen zu entgehen, um ihrer Umgebung und der erfahrenen Enge zu entfliehen, den Konventionen der Familie und der Ehe. Oder sie hatten in vielen Fällen – wie auch Sophie von La Roche – ihre weiblichen Pflichten erfolgreich erfüllt, hatten Kinder großgezogen und man ließ ihnen ihren Willen. In der Ferne lag das, was sie zuhause noch nicht hatten finden können. Aber es war nicht die Fremde, sondern das Unterwegssein, das Reisen selbst, was sie befreite.

Dabei waren diese Reisen durchaus mit physischen Strapazen verbunden und erforderten auch einigen finanziellen Aufwand. Besonders bemerkenswert ist jedoch der Umstand, dass diese Reisen Frauen in eine oft exotische Außenseiterrolle versetzten: Nicht nur in ihrer Heimat waren sie bunte Vögel, die im besten Fall belächelt oder im Normalfall als unweiblich betrachtet wurden; gerade in den fremden Ländern, in denen sie auftauchten, wirkten sie gelegentlich wie von einem anderen Stern. Diese exotische Wirkung gab ihnen aber auch besondere Freiheiten; eben weil ihre Erscheinung so überraschend war, begegnete man ihnen mit Neugier und Hilfsbereitschaft.

Sie reisten herum und verglichen das, was sie sahen, mit dem, was sie von zuhause kannten. In diesem beständigen Vergleich lernten sie sich selbst besser kennen und reflektierten zunehmend ihre Rolle als Frau. 1842 brach Ida Pfeiffer nach Kairo auf, Ida Hahn-Hahns *Von Babylon nach Jerusalem* erschien 1851, im gleichen Jahr, als Fanny Lewald *England und Schottland* herausbrachte. 1871 schrieb Luise Mühlbach ihre *Reisebriefe aus Ägypten*, zwanzig Jahre später war Alexandra David-Néel zum ersten Mal in Indien, 1900 reiste Edith Durham nach Montenegro. In dieser Zeitspanne von etwa 1850 bis 1900 entstand eine neuartige, bunte, spannende und selbstbewusste Reiseliteratur von Frauen. Zu diesen Frauen gehörte Isabella Bird.

Mit 18 Jahren hatte sich die Pfarrerstochter aus einem kleinen Dorf in Yorkshire, in nicht allzu großer Entfernung von den Brontë-Schwestern geboren, einer schwerwiegenden Operation unterziehen müssen, der Entfernung eines Tumors an der Wirbelsäule. In der Folge litt sie oft an rheumatischen Rückenschmerzen, die wiederum ihre Schlaflosigkeit bedingten. Um auf andere Gedanken zu kommen, rieten ihr die Ärzte, sie solle reisen. Ein Rat, den sie nur zu gern annahm. Denn die Beschwerden schienen unterwegs zu verschwinden, in der Bewegung lösten sich ihre Anspannungen und ihre bedrückten Stimmungen. 1854 machte sie sich auf den Weg in die USA, da war sie 21 Jahre alt.

In ihrem ersten Buch, *The Englishwoman in America* (1856), hat sie das noch junge, dynamische Land mit großer Begeisterung für die Offenheit der Menschen beschrieben, wie sie es auf ihrem Weg von den Neu-England-Staaten nach Chicago erlebte. Die abgefallene Kolonie hatte mehr zu bieten als nur die negativen Klischees, die man in England kolportierte, und Isabella Bird selbst war jung, offen und neugierig. Weitere Reisen führten sie nach Hawaii und Australien und ihre Berichte verkauften sich schon bald hervorragend. Im August 1873 kehrte sie wieder in das Land ihrer ersten Reise zurück, diesmal aber nicht an die Ost-, sondern an die Westküste, nach San Francisco. Von hier brach sie

Isabella Bird 1873 im Reitkostüm mit ihrem Pony Birdie

in die Rocky Mountains auf, in eine Welt, die wohlerzogene, viktorianische Damen noch nicht mit eigenen Augen gesehen hatten.

Die Rocky Mountains ziehen sich von Kanada durch Montana, Idaho, Wyoming und Colorado bis nach New Mexico. Isabella Bird bereiste innerhalb eines halben Jahres die Regionen in Wyoming und Colorado und legte angesichts der damals begrenzten Fortbewegungsmöglichkeiten eine beachtliche Strecke zurück. Sie selbst spricht von 800 Meilen, was rund 1.300 Kilometern entspräche. Den „Lärm von San Francisco" hinter sich lassend, ging es ins Landesinnere, nordöstlich zum Lake Tahoe an der Grenze zwischen Kalifornien und Nevada. Das war der Ausgangspunkt für die Strecke weiter östlich, vorbei am Großen Salzsee nach Cheyenne, Wyoming. Von dort reiste sie südlich nach Estes Park, Denver und Colorado Springs, dann weiter nach Norden Richtung Boulder und wieder zurück über Estes Park nach Cheyenne.

Während sie unterwegs war, schrieb sie siebzehn Briefe an ihre Schwester in Edinburgh. Auf diese Weise entstand der Reisebericht *A Lady's Life in the Rocky Mountains.*

Um die „Rocky Mountains meiner Kinderträume" in natura sehen zu können, musste Isabella Bird in ihrem „Reitkostüm aus Hawaii und einem Staubmantel" in unwirtliche Gebirgsregionen aufsteigen, wo sie bald „die letzten Spuren der Zivilisation und die letzten Laubbäume" hinter sich ließ. Nicht nur die Natur ist wüst und rau, auch die wenigen Siedlungen, in denen sie übernachtete, erschienen nicht eben einladend, sondern befanden sich noch im „Urzustand". In schärfstem Kontrast zu den Mormonen, die ihr begegneten, standen die Einwohner von Cheyenne:

> Man sagt, Cheyenne sei ein ‚gottverlassenes' Nest. Dass auch Gott selbst hier völlig in Vergessenheit geraten ist, erkennt man jedenfalls sofort. (...) Noch vor kurzem war Cheyenne die reinste Hölle, da es hier von Rowdies und Desperados nur so wimmelte. In den Trinkhöhlen gab es fast stündlich einen Mord, eine Messerstecherei oder einen Schusswechsel. Wenn es aber irgendwo im Westen zu schlimm wird, greifen die Anhänger von Recht und Ordnung zu einem drastischen und sicheren Heilmittel: sie organisieren sich in einem Vigilanz-Komitee. ‚Richter Lynch' erscheint auf der Bildfläche, mit ein paar Metern Seil. (...) Die schlimmsten Desperados fertigt man oft noch schneller ab, als das selbst vor einem Standgericht üblich ist; sie werden kurzerhand ‚aufgeknüpft' und verscharrt. Es heißt, auf diese Weise sei man hier in zwei Wochen mit einhundertzwanzig Raufbolden fertiggeworden. Bis das Gesetz der Vereinigten Staaten mit all seiner Korruption und seinen Schwächen hier in Kraft tritt, wird das Leben in dieser Stadt wohl einigermaßen geordnet verlaufen. Frömmigkeit ist nicht gerade die Stärke von Cheyenne.

Diese Beobachtung, dass die Siedler das Recht in die eigene Hand nahmen, um gegen Outlaws und Banden vorzugehen, finden wir auch in den etwas älteren Texten von Friedrich Gerstäcker, dessen sehr lesenswerte *Streif- und Jagdzüge durch die Vereinigten Staaten Nordamerikas* 1844 erschienen, zwei Jahre vor den *Regulatoren in Arkansas.*

So beschwerlich Isabella Birds Reise auch war, so überrascht stellte sie fest, wie eine Frau „hier mit Respekt behandelt" wurde, denn „die

Würde der Frau und der Respekt, den ihr die Männer zollen", seien „in diesem wilden Westen die Stütze der Gesellschaft". Einige Männer wurden sogleich höflicher, nachdem sie bemerkt hatten, dass Bird Engländerin war. Gleich zu Beginn der Reise begegnete sie einem Holzfäller, bei dem die Rauheit der Arbeit und der Umgebung nicht im Gegensatz zu höflichem Verhalten gegenüber einer Frau standen:

> *Zur Begrüßung tippte er an seinen Hut und brachte mir einen Schluck eiskaltes Wasser. Danach pflückte er mir ein Sträußchen Bergnelken, deren Schönheit ich bewunderte. Ich erwähne das nur als Beispiel für die respektvolle Aufmerksamkeit, die einer Frau in dieser Gegend zuteil wird.*

Als sie schließlich die ersten Gebirgszüge und majestätischen Gipfel in der kristallklaren Luft vor sich sah, beschrieb sie den Moment mit der für sie so typischen lakonischen Sprache:

> *Ein muffiger, überhitzter Eisenbahnwagen, gestopft voll mit kauenden und spuckenden Yankees ist allerdings nicht gerade die beste Art, sich diesen grandiosen Bergen zu nähern.*

Der lakonisch-ironische Ton prägt ihren gesamten Text – er war sicher auch ein geistreicher Reflex auf die Welt der Siedler, Goldgräber und Holzfäller, in der Bird gelandet war, wo „militärische Stützpunkte" sich als leere Holzhütten entpuppten und die gastronomischen Standards eher gewöhnungsbedürftig waren:

> *Das Rindfleisch war so zäh und triefte vor Fett, Fleisch und Butter waren bedeckt mit lebenden, ertrunkenen und halb ertrunkenen Fliegen. Auf dem schmierigen Tischtuch wimmelten ebenfalls Fliegen, und so wunderte es mich nicht, dass die Gäste so traurig dreinblickten und sich schnellstens wieder aus dem Staub machten.*

Zu den Besonderheiten der Reise gehörte es auch, dass der jeweilige Standort inmitten von Felsen, Schluchten und hohen Wäldern immer nur schwer zu bestimmen war. Bei diesen geographischen Bedingungen konnte man schnell die Orientierung verlieren. So fühlte sie sich wie „auf einer Seereise ohne Kompass", irgendwo in einem Canyon. Kurzerhand quartierte sie sich für ein paar Dollars vorübergehend bei einer Familie ein, bei den Chalmers – und diese Schilderung des Aufeinandertreffens zweier völlig entgegengesetzter Welten gehört in ihrer Offenheit und ihrem beißenden Humor zum Besten, was Isabella Bird geschrieben hat.

> *Ich stieg ab, um mir die Hütte selbst anzuschauen. Eine Wand war fast völlig zusammengebrochen, es gab kein Fenster, nur ein paar riesige Löcher in den Wänden und im Dach. (…) In dem kleinen Nebenraum, in dem gekocht und gegessen wurde, standen ein Ofen, ein paar Bänke und ein Tisch. Dort saß eine Frau mit hartem Gesicht und traurigen Augen und musterte mich abschätzend. (…) Zwar waren Gesichter und Manieren der Leute hier ziemlich abstoßend und das Leben recht rauh, aber wenn ich ein paar Tage durchhielte, ergäbe sich vielleicht die Möglichkeit, nach Estes Park hinaufzukommen, dem Ziel meiner Träume und Hoffnungen.*

Der weltgewandte und lebensfrohe Paradiesvogel Isabella Bird traf auf eine verkniffene, presbyterianische Holzfällerfamilie, deren „eingeengtes Leben" sie schon nach ein paar Tagen kaum noch aushielt. „Die Chalmers besitzen weder eine Lampe noch eine Kerze (…)". Es fehlte überhaupt an allem, an den einfachsten Dingen, aber auch an den Dingen, die das Leben in irgendeiner Weise angenehmer, um nicht zu sagen: schöner hätten machen können. Die Familie, notierte Bird, teile sich nur einen Kamm. In klaren Skizzen charakterisierte sie die einzelnen Familienmitglieder:

> *Chalmers (…) ist groß, hager, in Lumpen gekleidet und einäugig. Auf einer englischen Landstraße würde man ihn für einen halb verhungerten gefährlichen Bettler halten. (…) auch möchte er gern als gebildet gelten, was ihm aber nicht gelingt.*

Jede positive Äußerung über ein anderes Land erschien in diesem Zusammenhang gleich als Beleidigung Colorados, Freundlichkeit als „Teufelswerk", und wer nicht bis zum Umfallen schuften wollte, konnte nur ein besonders übler Sünder sein. Das Leben der Familie kannte nur einen Mittelpunkt: Arbeit. Isabella Bird hat beschrieben, welche Spuren eine solche Lebensauffassung hinterlassen musste. Mrs. Chalmers ist „mager, sauber, zahnlos" und ihre sechzehnjährige Tochter war „ein plumpes Mädchen mit ungekämmtem Haar und abstoßendem Gesicht. Sie setzte sich auf einen Baumstamm und starrte mich eine halbe Stunde lang an". Bei anderer Gelegenheit lässt Birds Beschreibung an Deutlichkeit keine Wünsche offen: Die Tochter sei „eine saure, abstoßende Kreatur, die genausoviel Manieren hat wie ein Schwein".

Diese Umgebung erschöpfte Bird schon bald, da half auch der Hinweis auf das gesunde Klima von Colorado nicht mehr viel, das „das Beste in ganz Nordamerika sein" soll. Es war ihr beinahe unmöglich, sich in das Alltagsleben der Familie zu integrieren. Anfangs schenkte man ihr keinerlei Beachtung und als „die gesamte Familie gegen Abend zu ihrer Futterkrippe heimkehrte, schoben sie mir durch die Tür etwas getrocknetes Rindfleisch und Milch herein." Ihr Angebot, beim Abwaschen zu helfen, quittierte Mrs. Chalmers mit einer höhnischen, an ihre Tochter gerichteten Bemerkung: „‚Die sagt, sie will abwaschen. Ha! Ha! Mit *solchen* Armen und Händen!' Das war das einzige Mal, dass ich Mrs. C. um ein Haar hätte lachen hören." Wahre Lebensfreude sieht in der Tat anders aus.

Da wundert es natürlich nicht, dass Isabella Bird eine halbe Meile entfernt auf ein Ehepaar traf, das „schon seit zwei Jahren keinen gebildeten Menschen mehr zu Gesicht bekommen" hatte, wobei „gebildet" in diesem Fall nicht „als Vorwurf" gemeint war. Treffsicher hat Bird die harten geographischen Bedingungen in direkte Beziehung zum Leben der Menschen wie den Chalmers gesetzt:

> *Du kannst Dir jetzt etwa eine Vorstellung von den Leuten hier machen. Sie führen ein sittenstrenges, hartes, liebloses, zermürbendes Leben, das ohne jeden Reiz ist und durch nichts gemildert wird. Zu dieser Umgebung musst Du Dir noch einen mächtigen Canyon denken, der weder nach oben noch nach unten passierbar ist, und hohe Bergwände, die sich erst einige Meilen von hier zu dem endlosen Präriemeer hin öffnen.*

Im weiteren Verlauf der Reise, im für weitere Erkundungen günstig gelegenen Estes Park, dem „unvermessenen ‚Niemandsland' mit herrlichen Bergen, Wäldern, Canyons, Seen und Flüssen; mit unvergleichlichen Sonnenauf- und -untergängen, glühendheißen Nachmittagen, wütenden Schneestürmen und heftigen Nordlichtern", traf sie noch auf einen anderen bemerkenswerten Charakter, der jedoch in allem das genaue Gegenteil zur Chalmers-Familie war, auf Jim Nugent oder „Rocky Mountain Jim", ein ebenfalls aus England herübergewehter Draufgänger, „einer der berühmten Scouts und das Vorbild für viele verwegene Burschen, die sich in den Wildwestromanen mit den Indianern herumschlagen". Diese ungleichen Außenseiter, der raubeinige

Säufer und die viktorianische Lady, zogen sich magisch an. Silvia Dörf-le beschreibt es treffend: „Dass sich zwischen dem Desperado und der ‚alten Jungfer' eine Romanze anbahnte, klingt fast nach Operette." Aber so war es.

Bei ihrem ersten Aufeinandertreffen bereute Bird es beinahe schon, ihn überhaupt kennengelernt zu haben, diesen einäugigen und unge-pflegten Desperado, für den „es heutzutage eigentlich gar keinen Platz mehr gibt, denn die Zeit der Faustkämpfe und der blutigen Auseinan-dersetzungen gehört in Colorado der Vergangenheit an". Und doch ist sie von Beginn an von seinen Umgangsformen, seiner „Ritterlichkeit" überrascht. „Wenn man Jim wie einen Gentleman behandelt, benimmt er sich auch wie einer." Als ihr ein anderer Engländer eine „kleine Block-hütte am See ganz für mich allein" zur Verfügung stellte, war sie endlich angekommen im Paradies der Kinderträume. „Damit habe ich also, in dieser grandiosen Bergwelt, in der ‚blauen Mulde am Fuße des Long's Peak', auf einer Höhe von 7500 Fuß, wo die Gräser jeden Morgen mit Rauhreif überzogen sind, weit mehr gefunden, als ich jemals zu hoffen wagte."

Mit Jim Nugent erlebte Bird eine unvergessliche Zeit. So bestieg sie gemeinsam mit ihm das „Amerikanische Matterhorn", den Long's Peak, der erst fünf Jahre vorher zum ersten Mal bezwungen worden war. Die-ser Versuch wäre auch für eine Frau ohne erhebliches Rückenleiden eine Herausforderung gewesen. Aber Rocky Mountain Jim und Isabella Bird schafften es, wie sie mit einigem Understatement geschildert hat: „Im Herzen der Rocky Mountains, auf 11 000 Fuß Höhe, bei zwölf Grad unter dem Gefrierpunkt, in einem Nest aus Baumzweigen zu übernach-ten und dem Geheul der Wölfe zuzuhören, war schon recht aufregend." Aber all diese Strapazen und Gefahren haben sich gelohnt:

Mein Blick schweifte von dem eiskalten, grauen Gipfel mit seinen ewigen Schneefeldern, über die versilberten Fichten und die purpur-nen Bergschluchten bis zu dem blaugrauen Präriemeer am fernen Horizont. Dort sah man zuerst nur einen hellen Streifen, der jedoch rasch zu einer rotglühenden Kugel anwuchs. Unwillkürlich und ehrfurchtsvoll nahm Jim seinen Hut ab und rief: „Ich glaube, dass es einen Gott gibt!"

In Estes Park fand Isabella Bird nicht nur „eines der schönsten Fleck-chen auf dieser Erde", sondern auch einen zwar stark angeschlagenen, aber nichtsdestotrotz faszinierenden, charmanten Mann, mit dem sie sich über Literatur unterhalten konnte, und noch mehr:

> *Unser Ritt von beinahe dreißig Meilen, der über viele Stunden dauerte, war der großartigste, den ich je unternommen habe. Wir stiegen nur von unseren Pferden ab, um die Gurte wieder festzuzurren, und verzehrten unser Mittagessen im Sattel. Wir sprangen über Baumstämme, preschten die mit Felsbrocken und Steinen übersäten Hügel hinunter, überquerten tiefe, reißende Flüsse, sahen wunderschöne Seen, hatten ein paar unvergleichliche Ausblicke und schreckten ein Rudel Wapitis mit riesigen Geweihen auf.*

Mit Jim teilte sie, die Szene macht es überdeutlich, nicht nur die unendliche Begeisterung für die Natur der Rocky Mountains, sondern vor allem das Bedürfnis nach Freiheit. Neben seiner Alkoholsucht war dies sicherlich der entscheidende Grund, warum sich Isabella Bird nicht an ihn binden konnte, obwohl er ihr seine ganze Lebensgeschichte erzählte, ihr gestand, sein Leben verschwendet zu haben, und in ihr seit Langem den ersten Menschen fand, der ihn „wie ein menschliches Wesen behandelt" hatte. Gemeinsam mit einem anderen Jäger bildeten die beiden eine bunte Gemeinde am See und während sie jedes Gefühl für Zeit verlor, begann Isabella Bird zu kochen, reinigte Töpfe und fütterte die Pferde. „Manchmal frage ich mich, ob ich mein Leben lang hier oben bleiben, Wäsche waschen, Brot backen und auskehren werde." So verlockend diese in greifbare Nähe gerückte Utopie des einfachen Lebens am Fuß des Long's Peak auch sein mochte, sie beantwortete die Frage mit Nein und ließ Jim Nugent, der „in der Blüte seines Lebens ohne ein Heim und ohne Liebe in einer dunklen Höhle leben muss, in der ihm nur seine schlimmen Erinnerungen und ein Hund Gesellschaft leisten", dort oben mit seiner Whiskey-Flasche zurück.

Der Reisebericht endet im Dezember 1873. Kurz darauf wurde Jim Nugent erschossen und Isabella Bird war wieder zurück in Edinburgh bei ihrer Schwester. Aber zuhause hielt sie es nicht mehr aus. Denn nicht im Wohnzimmer, sondern auf Reisen führte sie „ein großartiges Leben, das nur meiner Gesundheit und der Freude dient". So war es nur eine Frage der Zeit, bis sie wieder aufbrach, nach Japan, Persien, Tibet, China, Marokko. Isabella Bird reiste bis ins hohe Alter und starb 1904 in Edinburgh. Auch wenn ihr damaliger Ruhm mittlerweile von den anderen Klassikern der weiblichen Reiseliteratur überlagert wird, etwa von

Alexandra David-Néel, und sie viele weitere Reisen unternommen hat, wird sie vor allem als die erste „Lady in den Rocky Mountains" in Erinnerung bleiben.

Das Flüstern der Welt –
Rabindranath Tagore zwischen Ost und West

Leipzig, 13. November 1913. Beim Kurt Wolff Verlag hatte man sich gerade gegen eine deutsche Ausgabe von Rabindranath Tagores *Gitanjali* entschieden und das Manuskript bereits wieder zurückschicken wollen. Als dann überraschend gemeldet wurde, der diesjährige Literatur-Nobelpreis gehe an eben jenen Rabindranath Tagore, ließ Kurt Wolff das Manuskript noch in derselben Nacht wieder aus den Postsäcken herausfischen.

Mit dieser Rettungsaktion für *Gitanjali* sicherte sich der Verleger zudem eine Reihe weiterer Veröffentlichungen des indischen Autors. Pünktlich zum Erscheinen der achtbändigen *Gesammelten Werke* reiste Tagore dann 1921 zum ersten Mal nach Deutschland. In München war er Gast von Kurt Wolff, der seinen Verlag gegen Ende des Ersten Weltkriegs an die Isar verlegt hatte. Tagore hielt Vorträge vor überfüllten Sälen, die von Hermann Graf Keyserling in Darmstadt organisierte „Tagore-Woche" wurde ein überwältigender Erfolg und in Salzburg ließ es sich Stefan Zweig nicht nehmen, den geschätzten Dichter wenigstens für eine halbe Stunde zwischen zwei Zügen zu erwischen.

Doch wer war dieser indische Autor, dessen Gedichte man beinahe abgelehnt hätte und der nur acht Jahre später als großer Weiser umjubelt wurde? 1861 in Kalkutta geboren, gehörte Tagore zur kulturell und wirtschaftlich bedeutendsten Familie Bengalens. Dieser Hintergrund garantierte ihm nicht nur materielle Sicherheit, sondern auch hervorragende Bildungsmöglichkeiten. Mit wachen Augen nahm er seine Umwelt wahr, offen für die Wunder der Natur, begeistert von Klängen und Melodien. Die Familie besaß einen Landsitz nördlich von Kalkutta, in Santiniketan, wohin er den Vater begleitete. Die Einfachheit und Schönheit des Landlebens und bald darauf die Ansicht des Himalaya hinterließen bei Tagore unauslöschliche Eindrücke und erklären seine enge Verbundenheit mit dem Land und seinen Leuten. Mehr noch, Tagores tiefes Gefühl des Einklangs mit der Natur hat hier seine Wurzeln.

Mit acht Jahren begann er erste Gedichte zu schreiben, als Jugendlicher sog er die bengalische Literatur auf und er war erst 17 Jahre alt, als

1878 sein erster Gedichtband erschien. Auch wenn diese frühen, sentimentalen Gedichte noch keine Meisterwerke darstellten, zeigten sie doch schon ein sicheres Talent.

Im gleichen Jahr reiste Tagore zu Verwandten nach England. Er hatte „einen großen Drang empfunden", das Land zu sehen, genoss die sanfte Brise an den Kliffs von Torquay und ließ sich auch in Brighton den Wind um die Nase wehen, besuchte hier aber eine Schule, um ernsthaft zu lernen. Das eigentliche Ziel der Reise folgte dem Wunsch der Familie, Tagore zum Rechtsanwalt ausbilden zu lassen. In den anderthalb Jahren in England konzentrierte er sich aber auf so ziemlich alles andere, nur nicht auf die Gesetze. An der Universität von London besuchte er Vorlesungen zur Literaturgeschichte und tauchte in das Großstadtleben ein, wo ihn die Höflichkeit der Engländer ebenso beeindruckte wie der Luxus speziell der Damenwelt. Tagore wurde vor Augen geführt, dass die Frauen in London bzw. überhaupt in Europa unvergleichlich mehr Freiheit genossen als in Indien. Auf diese Weise sammelte er zum ersten Mal Eindrücke der so anderen, westlichen Welt, die er mit zurück nach Hause nahm.

1880 war er wieder in Kalkutta und sprudelte geradezu über vor literarischer Produktivität. Der Hof des väterlichen Hauses diente als Theaterbühne, wo die Familie Aufführungen für Freunde präsentierte. Hier inszenierte Tagore sein erstes Stück. Von der Reise hatte er noch irische Volkslieder im Ohr, die er nun im Rahmen eines dramatischen Musikspiels mit traditioneller indischer Musik verband. Motive aus dem *Ramayana* aufgreifend, verknüpft das Spiel östliche und westliche, traditionelle und moderne Formen miteinander.

Daneben entwickelte sich vor allem seine Lyrik: weg von den schwelgerischen Banalitäten hin zu einer klareren Sprache, in der sich nicht zuletzt Sehnsucht und unbändige Kreativität ausdrücken. In den *Morgengesängen* (1883) heißt es:

> *Ins Freie hinaus! (...)*
> *So viel zu sagen, so viel zu singen, so viel*
> *   Kraft hab ich. (...)*
> *Mein Leben ist heute erwacht, ich weiß nicht warum;*
> *von fern hör ich des Meeres Lieder raunen.*

Und in der Tat: Tagore hatte viel zu sagen und zu singen. Es folgten Stück auf Stück und Gedicht auf Gedicht, insgesamt 25 (!) Buchpublikationen zwischen 1880, der Rückkehr aus England, und 1890, der zweiten Reise nach Europa. Darunter finden sich mit den erotisch motivierten Gedichten *Herzensdame* oder dem Drama *Sanyasi oder der Asket* (mit dem Originaltitel *Die Rache der Natur*) sehr viele gelungene, oft volkstümlich gefärbte Werke, auch wenn er sich in manchen Stücken am Vorbild Shakespeare verhob. Nicht nur wegen der Produktivität, sondern vor allem wegen seiner experimentierfreudigen Offenheit darf man in Tagore den Vater des modernen indischen Theaters sehen, das sich gegen Ende des 19. Jahrhunderts zu etablieren begann.

Aber noch besaß Tagores Leben keine Struktur, kein Zentrum. Der junge Mann bewies ständig, dass er die Literatur nur so aus dem Ärmel schütteln konnte, doch gefiel er sich auch als jemand, der umherzog und mit Freunden bis in die Nacht hinein diskutierte. Widersprüche stellten sich ein: Zwar unterstützte er die Bewegung für eine Reform des Hinduismus und polemisierte gegen Kinderheirat, er ergab sich aber 1883 in die arrangierte Ehe mit der gerade erst zehnjährigen Mrinalini Devi. Aus einfachsten Verhältnissen und vom Land kommend, wird sie als seine pragmatische und selbstlose Ehefrau beschrieben, die für die notwendige Bodenhaftung des in anderen Sphären beheimateten Künstlers sorgte. Sie gebar mit 13 Jahren ihr erstes Kind, vier weitere sollten folgen.

Im Sommer 1890 unternahm Tagore gemeinsam mit seinem Bruder und einem Freund eine zweite, dreimonatige Reise nach Europa, die ihn nach London und Paris und auf dem Rückweg über Aden führte. Obwohl ihm eine mehrtägige Seekrankheit das Gefühl vermittelte, es gäbe wohl „keinen besseren Ort als Zuhause", war Tagore sehr fasziniert von europäischer Malerei und Kunst. Neben Besuchen in der National Gallery beschäftigte er sich intensiv mit deutscher Musik. Allmählich deutet sich in diesen Reisen Tagores Idee jener großen kulturellen Begegnung von Ost und West an, die er später so eindrücklich formulieren sollte. Doch diese Überlegungen reifen erst langsam heran – nach seiner Rückkehr gegen Ende des Jahres wird Tagore Indien zweiundzwanzig Jahre lang nicht verlassen.

Dies hatte gute Gründe. Indem ihm sein Vater die Verwaltung von Ländereien übertrug, veränderte er das ungerichtete Leben seines Sohnes nachhaltig. Damit verbunden war eine Reise anderer Art, die, obwohl sie ihn nicht ins Ausland führte, sondern ins Innere des Landes, eine ebenso große Bedeutung für Tagores Entwicklung hatte. Er kam beinahe in ein anderes Land, in eine andere Wirklichkeit Indiens, wo niemand die Privilegien einer alteingesessenen Familie genoss und sei-

(Rabindranath) Tagore 1933, in der Haltung
des bärtigen Weisen aus dem Orient

nen Sohn zum Studium nach England schicken konnte. Hier schrieb
niemand feinsinnige Lyrik, weil Analphabetismus die Norm war, und
niemand hier lebte mit dreißig Jahren noch in den Tag hinein.

Unweit jener Orte der Kindheit, wo das Stadtkind die Natur kennen
und lieben gelernt hatte, trieb Tagore, der mittlerweile bekannte Autor,
der ein paar Wochen zuvor noch über die Champs-Élysées flaniert war,
nun mit seiner Familie auf einem Hausboot den Padma hinauf, an den
Dörfern vorbei, um hier und da an Land zu gehen.

*Man muss sich die bengalischen Dörfer als Teil der Natur vorstellen:
Hütten aus Lehmwänden und Strohdächern, Teiche für Trinkwas-
ser und zum Baden, Bäume und Bambushaine, die die Hütten um-
wachsen, rund um die Dörfer Reisfelder, durchzogen von schmalen
Pfaden. Keine Industrie, fast keine Ziegelsteinhäuser (...), keine
Autos, keine Motoren. Nur Palmen, die grasenden Kühe und Zie-*

gen, gehütet von einem Hirtenjungen, der müßig auf einer Bambus-
flöte bläst (...). (Martin Kämpchen)

Aufs Neue war Tagore eingebunden in die Natur und den einfachen Le-
bensrhythmus, der hier herrschte und der nicht zuletzt durch Armut,
schwere Arbeit und Rückständigkeit geprägt war. Daher kümmerte er
sich nicht nur um die Bewirtschaftung der Ländereien und die Pachtver-
träge mit den Bauern, sondern reformierte auch überkommene Strukturen, förderte Selbstverwaltungsprojekte und rief Krankenhäuser und
Schulen ins Leben. So wenig lyrisch die wirtschaftlichen Reformen, die
langen Diskussionen mit den Bauern und die ganz praktischen Tätigkei-
ten auch waren, bildeten sie doch allesamt Momente eines intensiven Er-
lebens dieser anderen, einfachen Welt, in die Tagore nun eingetaucht war.

In einem Brief an seine Nichte beschrieb er die eigentümliche Stim-
mung, die ihn in dieser neuen Umgebung gefangengenommen hat.

> *Man muss natürlich zugeben, dass auch bei euch in Kalkutta der*
> *Mondschein eine stille Faszination ausübt, zum Beispiel auf der*
> *Wiese im Park oder auf der Kirchturmspitze oder auch über den*
> *Bäumen. Aber Ihr habt doch noch andere Dinge außer dem Mond-*
> *schein. Beispielsweise Harmonie und Dissonanz, Tennisspaß, Mar-*
> *mortische, Kammermusik und Plauderei. Hier jedoch gibt es für*
> *mich nur die stille Nacht. In ihr entdecke ich Schönheit und endlo-*
> *sen Frieden.*

Natur, Kunst und tief empfundene Religiosität sind hier nicht voneinander zu trennen, und werden in Tagores weiterem Leben immer eine Einheit darstellen.

Gelegentlich warf er sich vor, sein bisheriges Leben nur „unerfüllt ver-
geudet" zu haben. Doch damit war es nun vorbei. Auf dem Land hatte er
eine neue Form der Freiheit gefunden, die ihn ausfüllte, ihm bei allen
Verpflichtungen aber doch genug Raum für seine Literatur ließ:

> *Jetzt sitze ich wieder hier im Hausboot. Es scheint mein Haus zu*
> *sein. Hier bin ich unbestreitbar der alleinige Hausbesitzer. Kein*
> *Mensch kann über mich oder meine Zeit verfügen. Das Boot bedeu-*
> *tet für mich so viel wie mein alter Morgenrock. Wenn ich in ihn hi-*
> *neinschlüpfe, genieße ich es wie eine unerwartete Ruhepause. Ich*
> *stelle mir nur einfach alles Mögliche vor, lasse meinen Gedanken*
> *freien Lauf, lese und schreibe auf meine Art und Weise, lege meine*

Füße auf den Tisch, betrachte den Fluss und versinke in diesem himmlischen Tag, erfüllt von Licht und herrlichem Müßiggang.

Ein junger Mann tritt seine erste Stelle an: Aus Kalkutta verschlägt es ihn als Postmeister in die tiefste Provinz. Hier, „in der ländlichen Verschlafenheit dieses Dorfes fühlte er sich wie ein Fisch auf dem Trockenen." Und entsprechend schwer fällt es ihm, sich in der neuen Umgebung wohlzufühlen. Daran kann auch sein Hausmädchen Ratan nicht viel ändern, die sich aufopferungsvoll um ihn kümmert. Die beiden kommen sich immer näher und erzählen sich ihre Geschichten, er lehrt sie sogar Lesen und Schreiben, wie Tagore seiner Frau ebenfalls Sprache und Literatur nahe gebracht hatte. Aber in der Monsunzeit wird der junge Mann krank. Trotz seiner erwachenden Gefühle und Ratans offenkundiger Zuneigung will er fort. Als ihm eine Versetzung verweigert wird, kündigt er kurzerhand, nimmt ein Schiff Richtung Kalkutta und lässt Ratan verzweifelt zurück.

Auch wenn Tagore kein Postmeister war, liegen die Parallelen zu dem „Spross aus guter Familie" doch auf der Hand. Tagore mag anfangs ebenso mit dem Gedanken gespielt haben, das nächstbeste Schiff nach Kalkutta zu nehmen. Der kurze Prosatext, der trotz des sentenzenhaften Schlusses Vergleiche mit Tschechow aushält, erzählt die Geschichte eines Scheiterns. Stadt und Land sind sich letztlich fremd, vor allem die Städter können ihre festgefahrenen Haltungen nicht überwinden und sich nicht öffnen für die Schönheit, die ihnen buchstäblich in den Schoß fällt. Damit dokumentieren sie aber – neben der Teilnahmslosigkeit gegenüber dem Leiden der Frauen – nur ihr Desinteresse an der Welt. „Wie wird sich der, der sich in zehn Jahren gar nichts von einem Ort hat aneignen können, die Welt aneignen?", fragt Tagore folgerichtig in einem kurzen Essay aus dieser Zeit.

Der Postmeister zählt zu Recht zu Tagores bekanntesten Texten. Mit dieser und anderen Erzählungen hat er die Welt, in der er nun lebte, präzise und prägnant eingefangen und damit eine Form geschaffen, die es in der bengalischen Literatur noch nicht gegeben hatte. So hat er – längst profilierter Lyriker und Dramatiker und produktiv wie eh und je – auch in der Prosa eine bemerkenswerte Modernisierung eingeleitet, die ohne seine Reise ins ländliche Indien nicht möglich gewesen wäre.

Eigentlich hatte Tagore, dem Wunsch seines Vaters entsprechend, Rechtsanwalt werden sollen. Als er 1891 den *Postmeister* veröffentlichte, legte in London ein noch völlig unbekannter kleiner Mann aus dem Bundesstaat Gujarat seine juristische Abschlussprüfung ab und erhielt seine Zulassung als Anwalt, woraufhin er nach Indien zurückkehrte. Dass sich ihre Wege kreuzen würden, konnten die beiden zu dieser Zeit nicht wissen.

Bei aller Zurückgezogenheit war die politische Entwicklung Indiens nicht an Tagore vorbeigegangen. Die britischen Kolonialherrscher verwehrten den Indern jede Form von Selbstbestimmung, beuteten das Land fortgesetzt aus und schlugen Aufstände mit militärischer Gewalt nieder. Von der Modernisierung des Landes profitierte eine westlich geprägte Oberschicht, während auf dem Land oft Hungersnöte ausbrachen. Die juristische Willkür der Briten stand den Ungerechtigkeiten des immer anachronistischer anmutenden Kastensystems in nichts nach. All diese Widersprüche zerrissen das Land und machten sich auch bei Tagore bemerkbar, der einerseits sah, mit welcher Rücksichtslosigkeit die Briten in seinem Land hausten, der aber andererseits seine Wertschätzung für England und die englische Kultur, die er auf seinen Reisen kennengelernt hatte, nicht verleugnen konnte. Diese Mittelposition war in den heraufziehenden Zeiten der Eskalation wenig attraktiv.

Zu dieser Zeit, als sich die Unabhängigkeitsbewegung zu formieren begann, baute Tagore eine Gegenwelt zu den offensichtlichen Missständen auf. In Santiniketan, das er schon seit seiner Kindheit liebte, gründete er 1901 eine eigene Schule. Zunächst überrascht diese neue Wendung in seinem Leben, die aber die Realisierung einer weiteren Facette seiner Vielseitigkeit darstellt und in direktem Zusammenhang mit der politischen Situation gesehen werden kann.

Der eigentliche Anlass war Tagores negative Einschätzung der öffentlichen englischen „Lernfabriken" – seine Kinder sollten nicht nur ihre Muttersprache lernen, die man ihnen dort vorenthalten hätte, sondern überhaupt freier erzogen und unterrichtet werden. In den nächsten Jahren baute er eine bis heute bestehende, reformpädagogisch orientierte Schule auf, in der, wie könnte es anders sein, der Vermittlung von Sprache, Literatur, Theater und Musik ein besonderes Gewicht beigemessen wird. Tagore war seiner Zeit – und nicht nur in Indien – mit Unterricht im Freien und Vorstellungen über individuelles Lernen weit voraus.

Dieses Projekt bedeutete aber keineswegs, dass Tagore seine andere Welt, die Literatur, auf Eis gelegt hätte – vielmehr war er überaus produktiv. Gerade im Zusammenhang mit dem Schulprojekt entstanden zahlreiche Texte, darunter das berühmte Drama *Das Postamt* (1911), mit dem, wie Martin Kämpchen schreibt, Tagore „das existentialistische Drama Europas vorauszuahnen" scheint.

Als ich hier im Zimmer eingesperrt wurde, dachte ich zuerst, der Tag kommt an kein Ende. Doch seitdem ich das Postamt unseres Königs gesehen habe, gefällt mir jeder Tag. Mir gefällt's, im Zimmer zu sitzen, einfach dazusitzen. Dass eines Tages ein Brief für mich ankommt, wenn ich daran denke, bin ich ganz glücklich, und es macht mir nichts aus, still hier sitzen zu bleiben.

Doch war diese Zeit auch eine Zeit der Trauer: Tagores Frau und seine Mutter starben beide 1902. Außerdem verlor Tagore in den folgenden fünf Jahren eine Tochter, seinen Vater und einen Sohn. Diese emotionalen Schläge, Krankheiten und die zahlreichen Verpflichtungen durch die Arbeit führten ihn an den Rand seiner Belastbarkeit. Daher machte er sich am Ende dieser anstrengenden Jahre auf eine Reise nach England und in die USA, um neue Energien zu tanken, ohne ahnen zu können, wie weitgehend eine Reise – einmal mehr – sein Leben verändern würde.

Er war zuletzt 1890 in Europa gewesen. Als Tagore im Juni 1912 wieder in London eintraf, war er 51 Jahre alt, konnte auf mehr als 90 Publikationen zurückblicken und war die wichtigste Stimme innerhalb der indischen Literatur, die er in der Auseinandersetzung mit europäischer Kunst modernisiert hatte. Mehr noch: Mit seinen Reformen in der Landwirtschaft und der Pädagogik hatte er uralte Tabus gebrochen und als politischer Essayist die indische Unabhängigkeitsbewegung unterstützt. In London aber war er fast unbekannt. Allerdings hatte er kurz vor der Reise einige seiner Gedichte ins Englische übersetzt, ein Umstand mit weitreichenden Folgen. Als diese Gedichte nun im Kreis englischer Künstler und Intellektueller, unter ihnen William Butler Yeats, kursierten und vorgetragen wurden, hätte die Überwältigung nicht größer sein können.

Der Morgen graut, er graut bestimmt,
   das Dunkel bricht.
Dein Wort zerreißt die Luft und fällt
   herab wie goldnes Licht.
     Dann steigt aus vielen Vogelnestern
     in deiner Sprache o welch ein Gesang.
     Ob wohl die Blumen des Waldes blühen
     durch deinen Klang?

Yeats war es auch, der sofort eine Publikation anregte. Das Buch – *Gitanjali* – wurde sogleich ein großer Publikumserfolg. Weitere Übersetzungen, von Tagore selbst verfasst oder autorisiert, schlossen sich an. Tagore kam regelrecht in Mode. Während er sich in den USA ausruhte und ein paar Vorträge hielt, schlugen ihn seine englischen Freunde für den Literatur-Nobelpreis vor, der ihm – 10 Jahre vor Yeats – im November 1913 als erstem Inder, als erstem Asiaten überhaupt zugesprochen wurde. Doch da war Tagore schon wieder in Indien.

Die Sensation war perfekt. Auf den Straßen Kalkuttas, ja ganz Indiens jubelten und feierten die Menschen ihren großen Dichter. Da gab es also einen Autor in einer nicht ganz unbedeutenden, aber rechtlosen Kronkolonie Großbritanniens, dessen Werke, dessen Gedanken nun auf einer Stufe standen mit denen von Gerhart Hauptmann oder dem Autor des *Dschungelbuchs*, Rudyard Kipling. Wie vertrug sich der Nobelpreis mit der Tatsache, dass man die Inder in ihrem eigenen Land wie Menschen ohne Rechte behandelte?

Während die Unabhängigkeitsbewegung in Indien Tagores Erfolg politisch als Bestätigung ihrer Forderungen bewertete, lernte man in Europa doch oft nur einen Tagore aus zweiter oder sogar dritter Hand kennen. Das Problem ergab sich natürlich nicht aus der Tatsache der Übersetzung an sich, die mit großen Freiheiten ins Englische vorgenommene Übertragung durch ihn selbst machte die Werke ja überhaupt erst zugänglich. Dass diese Übersetzungen dann aber wiederum ins Deutsche oder andere Sprachen überführt wurden, hat das Werk im Westen über einen längeren Zeitraum zumindest verkürzt.

Doch letztlich handelt es sich hierbei um, wenn auch bedenkenswerte, Nebensächlichkeiten angesichts des weltweiten Prestiges, das es Tagore nun ermöglichte, Europäern und Amerikanern indische, asiatische Werte und Ansichten nahe zu bringen, so wie er in den Jahrzehnten zuvor westliche Gedanken in die Wirklichkeit Indiens transportiert hatte. Diese Doppelrolle machte ihn in einer welthistorischen Situation größter Spannungen zum vielleicht bedeutendsten Vermittler zwischen Ost und West.

Der Charakter seiner Reisen veränderte sich damit von Grund auf. Die beiden ersten England-Reisen hatten im Zeichen der Aufnahme westlicher Lebensart, Kunst und Kultur gestanden; auf der Reise ins ursprüngliche Indien waren Tagore seine eigenen Wurzeln wie auch sein Lebensinhalt bewusst geworden. Es waren private Reisen gewesen. Vom dritten England-Aufenthalt hatte Tagore den Nobelpreis mit nach Hause gebracht. Die neuen Reisen, die ihn nun im Zeichen seiner „Mission" um die ganze Welt, unter anderem nach Japan, China, Argentinien, Italien, Schweden, Kanada und in die UdSSR führten, besaßen von Beginn an einen öffentlichen Charakter, wodurch sich der Dichter zeitweilig stärker im allgemeinen Bewusstsein der Zwischenkriegszeit verankerte, als es seine Literatur vermocht hätte.

1914 hatte Österreich-Ungarn Serbien den Krieg erklärt, der Erste Weltkrieg nahm seinen Lauf und die Schlachten Europas fanden auch in Indien ihr Echo.

In diesem weltpolitischen Zusammenhang ist eine Sammlung von Vorträgen Tagores von besonderer Bedeutung, die 1912/13 entstanden war: *Sadhana*. Der Titel meint eine geistige Bewegung auf ein Ziel hin, auf die Erleuchtung zu. Darin formuliert Tagore seine zentralen Gedanken an ein westliches Publikum, dem er höchst kritisch gegenüber tritt: „Das Abendland scheint stolz darauf zu sein, dass es sich die Natur unterwirft; als ob wir in einer feindlichen Welt lebten, wo wir alles, was wir brauchen, einer fremden und widerwilligen Ordnung der Dinge gewaltsam entreißen müssten." Dieser Unterwerfung der Welt stellt Tagore das indische Ideal der Harmonie entgegen: „Indien wusste: wenn wir uns durch physische oder geistige Schranken von dem unerschöpflichen Leben in der Natur abschließen, wenn wir uns nur als Menschen und nicht als Teil des Alls fühlen, so geraten wir bald auf labyrinthische Irrwege." Einen dieser Irrwege erkannte Tagore im Nationalismus, den er als Ideologie der Abstumpfung begriff:

> *Dies ist die Logik der Nation. Sie wird nie auf die Stimme von Recht und Wahrheit hören. Sie wird diesen Reigen sittlicher Verderbtheit fortsetzen und Stahl an Stahl, Maschine an Maschine fügen und all die holden Blumen des frommen Glaubens und der lebendigen Ideale des Menschen niedertreten. (…) Die Idee der Nation ist eins der wirksamsten Betäubungsmittel, die der Mensch erfunden hat. Unter dem Einfluss seiner Dünste kann ein ganzes Volk sein systematisches Programm krassester Selbstsucht ausführen, ohne sich im geringsten seiner sittlichen Verderbtheit bewusst zu werden.*

Tagores radikale Kritik an westlichen Werten und Denkmustern ging nicht zuletzt auf den Anschauungsunterricht zurück, den der britische Kolonialismus in Indien erteilt hatte. Die europäische Krise, die schließlich in den Weltkrieg umschlug, bestätigte Tagore mit jedem Tag. Allerdings bedeutet dies nicht, dass er sich nun ausschließlich an ein westliches Publikum wandte und den Europäern einseitig ein Bild zauberhafter indischer Harmonie malte, denn die Kritik am Nationalismus richtete sich nicht zuletzt auch an Gandhi.

Der war 1914 nach einem langen Zwischenspiel in Südafrika endgültig nach Indien zurückgekehrt und traf Tagore erstmalig 1915 in Santiniketan. Die beiden unabhängigen Geister respektierten und achteten einander sehr, was keineswegs fundamentale Meinungsunterschiede ausschloss, gerade in der Frage des Nationalismus oder der Nicht-Kooperation mit den Briten, nachdem diese im Massaker von Amritsar demonstriert hatten, zu welchen Grausamkeiten sie fähig waren, um die Proteste der Inder zu unterdrücken. Jahre später, als Gandhi an einem Hungerstreik zu sterben drohte, machte sich Tagore auf den Weg, um ihn zum Beenden des Fastens zu bewegen.

Die Bedeutung von Tagores Beteiligung an den politischen Auseinandersetzungen in Indien wird durch seine ausgedehnten Reisen übertroffen, die er mit zunehmendem Alter unternahm. 1916 brach er nach Japan auf, war 1920 in Europa und den USA, 1924 in China und Argentinien. Er wurde 1926 von Mussolini geschickt für Propagandazwecke benutzt, besuchte 1927 unter anderem Indonesien und Thailand. 1929 war er erneut in Japan, 1930/31 in England und Deutschland, wo er sich mit Albert Einstein nicht nur über den Wahrheitsbegriff austauschte, sondern auch über indische und europäische Musik. In einem Brief an seine Tochter nannte er sich einen „Wanderer" auf einer langen, weiten Straße: „Die Welt hat mich willkommen geheißen und ich sollte die Welt meinerseits willkommen heißen."

Und das tat er auch. Überall trat er in Vorträgen und Begegnungen mit Wissenschaftlern, Künstlern und Politikern gegen nationalistischen Fanatismus ein, warb stattdessen für gegenseitiges Verstehen und Lernen und universale Werte, da nur auf diesem Weg jener fatale Überlegenheitsanspruch des Westens überwunden werden könne. Deswegen sah er in der Begegnung von Ost und West die „bedeutendste Tatsache des gegenwärtigen Zeitalters".

Natürlich wirkten die Reisen wieder aufs Werk zurück. Seine Produktivität ließ nicht nach, sondern weitete sich auf den neu erschlossenen Bereich der Malerei aus. Tagores Lyrik wurde dabei immer welthaltiger, offener und freier:

Nur ein paar Tage noch,
dann brech ich auf in ein fremdes Land.
Angezogen aus fernen Räumen,
wirst du mich schauen in deinen Träumen –
vergessen wirst du mich nie.

Von seinen ausgedehnten Reisen kehrte er immer wieder zurück in sein geliebtes Santiniketan. So blieb der Dichter stets seinen alten Bildern und Motiven treu, die sein Gefühl der Einheit mit der Natur beschreiben:

Tagelang und meilenweit, bis die Taschen waren leer,
sind wir gereist durch Länder kreuz und quer;
haben wir die Berge gesehen und gesehen die Meere.
Doch meine offnen Augen haben nicht gesehen –
nur zwei Schritte müsste ich nach draußen gehen –
den einen Tropfen Tau
auf des Reishalms Ähre.

Mehr und mehr präzisiert Tagore in seinen späteren Texten, vor allem neuen Dramen, eine Auffassung, die er bereits in *Sadhana* formuliert hatte, dass nämlich politische Unterdrückung und Gewalt unmittelbarer Ausdruck eines gestörten Verhältnisses zur Natur, einer technokratischen Unterwerfung der Natur unter den Größenwahn der Menschen seien. Aber die Zerstörungen des Zweiten Weltkriegs und die Eskalation des Hasses in Indien scheinen seine Philosophie widerlegt zu haben, als er 1941 starb. Im Lärm der Vernichtungsorgien hatte Tagores Stimme wenig Chancen, angemessen Gehör zu finden: „Lausche, mein Herz, auf das Flüstern der Welt, womit sie um deine Liebe wirbt."

Tagore zählt neben Mahatma Gandhi und Sri Aurobindo zu den drei großen Gestalten des Übergangs zum modernen Indien. Man wird den beiden anderen nicht Unrecht tun, in Tagore den vielseitigsten von ihnen zu sehen.

III. Reisen durch Kolonien und Ideologien

„Ich hatte eine Farm in Afrika …" –
Tania Blixen und das Ende einer Epoche

Als Ernest Hemingway im Winter 1933 das erste Mal nach Afrika kam und mit Bror Blixen auf die Jagd ging – über Hemingways Reise wird später noch zu berichten sein –, war Tania Blixen schon wieder seit zwei Jahren zurück in Dänemark. Damit hatte ihr drittes Leben begonnen.

Als ich aus Afrika nach Hause kam, sagte ich zu Mutter, sie dürfe nicht viel von mir erwarten, denn eine Hälfte von mir liege in den Ngong-Bergen – und nun habe ich das Gefühl, dass wiederum die Hälfte von dem, was übrig war, ja, nicht auf dem Friedhof, aber in gewisser Weise in der Vergangenheit liegt, oder im eigentlichen Universum, ohne Verbindung zum Alltag und seinen Anforderungen. Ich glaube auch, dass es, ganz objektiv gesehen, ein schwieriges Unterfangen ist, zum zweiten Mal in seinem Leben, zumal wenn man über das Jugendalter hinaus ist, vor die Aufgabe gestellt zu werden, sich eine Existenz schaffen zu müssen. Ich denke da nicht an das rein Ökonomische oder an Details, wo man wohnen, wie man sich einrichten soll, sondern viel tiefer: Wie soll man leben?

Die „Hälfte", die von ihr „in den Ngong-Bergen" liege – das war gar nicht so metaphorisch gemeint, wie es zunächst klingt. Zwar spielte sie damit auf ihr halbes Leben an, das sie dort verbracht hatte und zurücklassen musste, aber sie dachte auch an das Grab ihrer großen Liebe Denys Finch Hatton, den sie auf einer Anhöhe unweit ihrer Farm beerdigt hatte.

Nun war sie wieder in Europa, wo ihr erstes Leben stattgefunden hatte. Doch die dazwischen liegenden 17 Jahre von 1914 bis 1931 hatten alles verändert. *Out of Africa* oder *Afrika, dunkel lockende Welt*, das Buch, das zu Recht alle ihre übrigen Texte in den Schatten stellt, ihr berühmter Rückblick auf diese Zeit, ist nicht nur eine Schilderung von Eindrücken und Erfahrungen, es ist vor allem der Versuch, mit einem unermesslichen Verlust fertig zu werden und nach diesem Verlust weiterleben zu können.

Warum war sie nach Afrika gegangen? Tania Blixen oder, wie sie damals noch hieß, Karen Dinesen wuchs in den besten Verhältnissen auf, im Wohlstand eines dänischen Landguts. Aber kurz vor ihrem 10. Geburtstag nahm sich ihr Vater das Leben und dieser Schock wirkte lange nach. Noch Jahrzehnte später, längst in Afrika, schrieb sie an ihre Mutter: „Ich glaube, das größte Unglück für mich war, dass Vater gestorben ist. Vater verstand mich so wie ich bin, obwohl ich noch so klein war, und er mochte mich so. Es wäre auch besser gewesen, wenn ich mehr bei seiner Familie gelebt hätte; dort fühlte ich mich leichter und freier.‟ Leichter und freier wollte sie sein – sie versenkte sich in die Literatur, die ihr Vater so sehr geliebt hatte, und entfremdete sich immer mehr von ihrer näheren Umgebung, von der Familie, von den viel zu engen protestantischen Konventionen der Zeit. Der Ausbruch aus dieser kühlen Welt, aus diesem „grauen verschlissenen, kindischen, unendlich abgeschmackten Dasein‟, war nur eine Frage der Zeit. Unterschiedliche Fluchtbewegungen waren das Schreiben und das mehr oder weniger ziellose Herumreisen, nach Holland, Norwegen, England. Es war alles „nicht zum Aushalten‟.

Um sich von der spießigen, unbeweglichen Welt um sie herum zu befreien, einer Welt, die sie auch an ihrer Mutter festmachte, entschloss sie sich zu einem radikalen Bruch. Sie nahm sich mit ihrem Halbcousin, dem Baron Bror von Blixen-Finecke, einen alles andere als idealen Ehemann, den sie noch dazu gar nicht liebte. Die beiden hatten Tanias Familie davon überzeugt, Geld in eine Farm in Kenia zu investieren. Im Januar 1914 traf sie in Afrika ein, da war sie 28 Jahre alt.

Kenia war damals eine britische Kolonie und den Briten „fiel gar nicht ein, Eingeborene als Menschen zu betrachten, und wenn ich mit englischen Damen über den Unterschied der Rassen oder ähnliches spreche, lächeln sie gerührt und herablassend über meine Originalität‟. Im Gegensatz zu diesen „Damen‟ gewann Blixen, die selbst vom Kolonialismus profitierte, den Eindruck, „dass die Überlegenheit unserer weißen Rasse illusorisch ist. Wir können zwar sehr viel mehr lernen als sie (…). Was aber die Charaktereigenschaften anbetrifft, stehen sie, finde ich, über uns.‟ Zu einem sehr ähnlichen Schluss wird B. Traven wenige Jahre später in einem ganz anderen Winkel der Welt kommen – bei den Indios im mexikanischen Chiapas.

Allerdings bedarf diese Wahrnehmung einer Einschränkung. An einsamen Abenden, wenn das Leben „davonsickerte‟, hätte sich Blixen gern mit einem „weißen Menschen‟ unterhalten, so heißt es im Roman, während „immer das stille dämmerige Dasein der Schwarzen‟ zu spüren gewesen wäre, „das parallel mit meinem auf einer anderen Ebene verlief‟.

Nicht die soziale Realität kolonial getrennter „Ebenen" oder Lebenswelten ist an dieser Äußerung so bemerkenswert. Indem Blixen „die Schwarzen" ihr „dämmeriges Dasein" führen lässt, verschwinden sie gestaltlos in der Dunkelheit, verschwimmen mit dem uneinsehbaren Dschungel, von dem sich „die Weißen" deutlich abheben.

Kurz nach ihrer Ankunft schrieb sie in einem Brief an ihre Mutter – und es sollten eine lange Reihe von weiteren Briefen folgen –:

> *Das war das richtige Afrika, große, grasbedeckte Ebenen und in der Ferne die Berge und dann ein unglaublicher Wildreichtum, große Herden von Zebras und Gnus und Antilopen direkt am Zug; wenn man das so hört, kommt einem das gar nicht so besonders vor, wenn man es aber sieht, ist es schon beeindruckend. (…) Gleich nach dem Lunch fuhren Bror und ich mit dem Automobil zu unserer eigenen Farm hinaus. Der Weg dorthin ist unvorstellbar schön, wie daheim in Dyrehaven, und dazu hat man noch immer die langgestreckten N'gong Berge vor sich. Es gibt so viele blühende Büsche und Bäume, und alles duftet ungefähr wie Porst oder wie in einem Kiefernwald. Hier draußen ist es keineswegs zu warm, die Luft ist so leicht und herrlich, und man fühlt sich ganz leicht und froh und glücklich.*

Die Kaffee-Farm lag südlich von Nairobi. Der berühmte Satz des Romans, mit dem Meryl Streep auch Sydney Pollacks kongeniale Verfilmung eröffnet, verortet sie noch exakter:

> *Ich hatte eine Farm in Afrika am Fuße der Ngongberge. Hundert Meilen nördlicher lief der Äquator durchs Hochland, aber die Farm lag in einer Höhe von über zweitausend Metern. Da spürt man tagsüber die Höhe, die Nähe der Sonne, aber die Morgenfrühe und die Abende sind klar und friedvoll, und die Nächte sind kalt.*

Die Sehnsucht in diesen Sätzen ist unüberhörbar. Aber am Beginn stand bei aller Faszination der neu gewonnenen Freiheit und der Herrlichkeit der Natur eine bittere Enttäuschung. Bald schon überließ Bror, der eingetragene Direktor, seiner Frau die Arbeit – „Kaffeeanbau ist eine langwierige Arbeit" – und tat das, was er neben anderen Frauen am liebsten mochte: jagen. Aber die Verantwortungslosigkeit ihres Mannes ging noch wesentlich weiter. Tania Blixens Syphilis-Erkrankung war auf Brors lockeres Liebesleben zurückzuführen: Sie musste für seine Ausschweifungen mit heftigen Schmerzen bezahlen. Die Krankheit und deren Behandlung zwangen sie immer wieder zu kurzen Reisen nach Dänemark. Bis zu ihrem Lebensende litt sie unter den Folgen der Infektion, ihr körperlicher Verfall ist unschwer an den Fotos abzulesen.

Das Leben hier sei zwar „brutaler", aber sie wollte „es lieber so haben", sie fühlte sich wohl angesichts der Raubtiere und Raubvögel, den „herrlichsten Geschöpfen der Erde", und als Bror in ihrer Gegenwart einen Löwen schoss, war sie überwältigt:

Es war ein großer, männlicher Löwe. Ich ging ganz nah zu ihm hin und sah das Leben aus seinen Augen schwinden; das war meine erste Begegnung mit einem Löwen, und ich werde sie nie vergessen. Die Löwen haben in ihrem Körperbau, ihrer Haltung, ihren Bewegungen eine Größe, eine Majestät, die dem Menschen geradezu Furcht und Schrecken einflößt und bewirkt, dass man später alles andere klein und nichtig findet – tausende von Generationen uneingeschränkter Herrschermacht (…).

Darauf folgt ein Satz, dessen Gehalt Ernest Hemingway in Afrika ebenso mit voller Intensität empfunden hat:

Man selber wird auch sechstausend Generationen zurückversetzt – man fühlt auf einmal die ganze Macht der Natur, wenn man ihr direkt in die Augen sieht.

Es ist ein Erlebnis des Zurückgehens auf den Ursprung, auf die Anfänge aller Dinge, und dessen Gegensatz beschreibt Tania Blixen in aller Klarheit, denn „was bringt die Zivilisation nur für Langeweile in das Leben!" Die Zivilisation strebe nur die Begrenzung der Natur, die Sicherheit vor ihr an, und „ihr Verlangen, alles zu kennen und einzuordnen, nimmt dem Dasein jeden Charme (…)."

Aber die Zivilisation war nicht so weit weg, wie sie dachte und wie sie es sich gewünscht hätte, denn der Erste Weltkrieg wurde nach Afrika exportiert. Die britische Kolonie des späteren Kenia grenzte an Deutsch-Ostafrika (German East Africa oder G.E.A.), im Wesentlichen das Gebiet des heutigen Tansania. Briten und Deutsche machten daher auch in Afrika mobil, wobei die größte Absurdität dieser Situation darin bestand, dass die afrikanischen Eingeborenen gezwungen wurden, im Namen ihrer jeweiligen Kolonialherren gegeneinander zu kämpfen. Blixen spürte diese Veränderungen unmittelbar:

Tania Blixen auf einer Safari um 1923

Der Krieg lastet nun auch auf uns hier als immer schwerer und schwerer werdende Bürde, alles wird uns so schwierig wie möglich, ja, manches sogar unmöglich gemacht, und das Schlimmste ist, dass sie so viele Natives als Träger bei den Kämpfen in G.E.A. einziehen dürfen.

Diese Situation wurde noch durch eine lang anhaltende Trockenzeit verschärft. Alles kam zusammen: Nicht allein, dass Tania Blixen gesundheitlich angeschlagen war; während der Krieg die Atmosphäre im Land verschärft und Planungen erschwert hatte, belastete nun die Trockenheit, die zu ausbleibenden Ernten führte, zunehmend die ökonomische Situation der Farm.

(...) Butter, Milch, Sahne, Gemüse, Eier existieren fast nur noch in der Erinnerung. Alle Pflanzen welken, die Grasflächen brennen jeden Tag, sie liegen schwarz und verkohlt da, und wenn man nach Nairobi fährt und sich der Stadt nähert, sieht es aus, als ob

dort eine riesige Feuersbrunst herrsche – so steht der Staub Tag und Nacht in dicken, gelben Wolken über der Stadt –, und wenn der Wind gerade von der Somalistadt und dem Bazar her weht, hat man das Gefühl, die Pest- und Cholera-Bazillen wirbeln einem munter entgegen.

Als der Regen endlich wieder fiel, grenzte es zwar „an ein Wunder", „wie schnell sich hier bei Regen alles verändert; die Ngongberge und das Reservat, die verbrannt aussahen wie eine Fußmatte, haben jetzt einen wunderbaren, grünen Schimmer und die ganze Shamba blüht". Doch ihr Mann war ihr bei der ganzen Misere alles andere als eine große Hilfe. Schon um 1920 herum wollte er gleich am besten alles verkaufen, „während ich mir nichts anderes denken kann, als dass es ebenso vorteilhaft sein muss, den Besitz zu halten – und das will ich doch am liebsten". Nachdem Bror „wieder einmal alle meine Möbel verpfändet" hatte und allen Beteiligten klar geworden war, dass es so nicht weitergehen konnte, wurde die gesamte Situation von Grund auf neu geordnet. Bror wurde entlassen – die Ehe steuerte ohnehin längst auf die Trennung zu – und bei allen fundamentalen Selbstzweifeln schien eine ökonomische wie emotionale Konsolidierung möglich.

Tania Blixen ist nach diesen Veränderungen noch mehr als 10 Jahre in Kenia geblieben, sie hat die Sachen nicht hingeworfen, sondern weiter mit enormer Energie an ihrem Lebenstraum gearbeitet, wobei sie ohne ihren Mann mit seinem Adelstitel vermutlich besser dran war als zuvor. Vor allem wollte sie eines nicht aufgeben, ihre Eigenständigkeit, „die Tatsache, dass ich frei bin, dass sich keine anderen Menschen in meine Angelegenheiten einmischen können", auch wenn Afrika sich nicht immer als das verlockende Paradies auf Erden präsentierte:

(…) eine richtige Höllenplage ist typisch für die Tana Plains, die kleinen Milben, die sich zu Millionen auf einen setzen und einem das Leben verbittern. Sie sind fast unsichtbar, aber wenn man in hohem Gras gegangen ist und an sich heruntersieht, ist man ganz grau vor lauter Milben, das ist, glaube ich, schlimmer als die Läuse bei den Soldaten in den Schützengräben; es ist eigenartig, dass einen so kleine Tiere derart voller Gift und Übelsein pumpen können; man sieht schließlich am ganzen Körper aus, als hätte man die Masern, und hat das Gefühl, als stünde und läge man in hellen Flammen.

Diese fremdartige und unberechenbare Natur war auch ein Teil jener Realität, die im Gegensatz zu den einfachen Annehmlichkeiten Dänemarks schwer zu vermitteln war, aber Blixens Lebensgefühl, ihre Wertvorstellungen und Sehnsüchte mussten durchaus nicht immer mit denen der anderen Familienmitglieder übereinstimmen, denn es war nun einmal so, dass „ich in Verhältnissen leben könnte, die Ihr entsetzlich fändet, und dabei vergnügt wäre". Im Briefwechsel zwischen Afrika und Dänemark arbeitete sich Tania Blixen, zumal nach den finanziellen Turbulenzen und der Scheidung, auch konsequent an ihrer Mutter ab. Letztlich war sie zutiefst abgestoßen vom Geist des „erschütternden Pharisäertums" der Mutter, den sie für sich „nie" akzeptieren würde. Aber auf einen Bruch mit der Familie wollte sie es nie ankommen lassen, denn „ich weiß, wenn ich wieder zu Dir komme, wird mir das gleiche, unendlich beglückende Erlebnis zuteil. Zu seiner Mutter zurückzukehren, von ihr in die Arme genommen zu werden, gleicht dem ewigen Naturwunder, dass der Wald jedes Jahr wieder grün wird (…)". Und wenn ihre Gedanken auch nach Dänemark zurückwandern, zu dem „Slettemose-Haus mit der alten Madam Frederiksen", mit den „Kiefernbergen", die „noch genauso sind wie damals, als wir unsere Wanderungen durch den Wald dorthin unternahmen", war Tania Blixen davon überzeugt, dass sie ihrer Mutter in der Distanz viel näher sein konnte als nach einer durch das Scheitern in Afrika erzwungenen Rückkehr.

So verband sie beide Welten miteinander: In Afrika hatte sie das wiedergefunden, was sie mit dem jähen Tod des Vaters in Dänemark verloren hatte:

> (…) ich habe das Gefühl, dieses Land gehört uns. Es hat einen Charme, den nicht alle begreifen können, und gerade die schlimmsten Eigenschaften tragen merkwürdigerweise dazu bei: das Trockene, Farblose, Einförmige – aber man gewinnt es auf eine Art lieb, von der ich nie geglaubt hätte, dass man sie für andere Länder als das eigene, das Kindheitsland, aufbringen kann.

Auf keinen Fall wollte Blixen ihre Welt aufgeben, „mein Haus, meinen Garten und die ganze Farm liebe ich ganz unbeschreiblich", ein Zuhause, das sie sich selbst geschaffen hatte, wie sie selbstbewusst an ihre Mutter schrieb. Und da war noch etwas, das sie in Afrika hielt. Besser gesagt: noch jemand.

1918 hatte sie den Großwildjäger Denys Finch Hatton kennengelernt, abermals einen Abenteurer, abermals einen Mann, dessen Stärken nicht unbedingt im Bereich enger, konstanter Bindungen an eine Frau zu suchen waren, der aber doch eine unglaubliche Faszination auf Blixen ausübte:

> *Denys Finch-Hatton hatte in Afrika kein Heim außer der Farm; auf ihr lebte er zwischen seinen Safaris, hier hatte er seine Bücher und sein Grammophon. Wenn er zur Farm zurückkehrte, hieß sie ihn in ihrer Sprache willkommen, der Sprache, deren eine Kaffeepflanzung fähig ist, wenn die ersten Regenschauer sie mit Blüten überschütten wie mit einer kreidigen Wolke. Wenn ich Denys zurückerwartete und seinen Wagen den Weg heraufkommen hörte, fingen alle Dinge auf der Farm zu reden an und sagten, wes Wesens sie seien.*

So spricht sie ihm im Roman die Fähigkeit zu, die Dinge regelrecht zum Sprechen zu bringen, die Natur zu beleben, und man darf daraus ableiten, dass Finch Hatton auch Blixen selbst nach all den Enttäuschungen wieder neu belebt hatte. Auch wenn die nachträgliche Romantisierung Finch Hattons offensichtlich sein mag, war die Liebe zu ihm für sie eine Erfüllung gewesen, die an Vernarrtheit grenzte: „Ich bin (...) für Zeit und Ewigkeit an Denys gebunden, gezwungen, den Erdboden zu lieben, auf den er tritt, über die Maßen glücklich zu sein, wenn er hier ist, und jedes Mal Schlimmeres als den Tod zu erleiden, wenn er geht ...“ Schon vor der Scheidung von Bror entspann sich zwischen den beiden eine enge Beziehung und obwohl sie immer wieder auf ihn warten musste, war er doch der „weiße Mann“, mit dem sie in der Abenddämmerung sitzen und sprechen konnte und aus dem Alleinsein herausfand.

> *Denys Finch Hatton verdanke ich ein Erlebnis, das mir als das größte, erhebendste Glück meines Lebens auf der Farm erscheint: mit ihm bin ich über Afrika geflogen. Dort, wo es keine oder nur wenige Straßen gibt und wo man überall auf den Steppen landen kann, bekommt das Fliegen eine wirkliche und wichtige Bedeutung für das Leben, es öffnet einem die Welt. (...)*
> *Gewaltige Fernsichten öffnen sich, wenn man sich über das afrikanische Hochland erhebt, überraschende Mischungen und Wechsel von Licht und Farben, Regenbogenbuntheit über grünem, besonn-*

tem Land; mächtig aufragende Wolken und wilde, schwarzgeballte Unwetter umkreisen einen tanzend und sich jagend, und gewaltsame Regenschauer klären die Luft. (...) Zuweilen fliegt man so nahe am Boden, dass man die Tiere auf der Steppe sieht und über ihnen schwebt, wie Gott, als er sie eben erschaffen hatte, ehe er Adam auftrug, ihnen Namen zu geben.

Kein Zweifel, nicht nur im Roman war Tania Blixen glücklich. Und doch saß sie am Ende wieder allein da auf ihrer Farm. Der Schmerz muss unerträglich gewesen sein, als ihre Schwangerschaften in Fehlgeburten endeten und dieser Ausgang dem umherziehenden Jäger wohl nicht so ganz unrecht war.

Trotz aller Mühen und Entbehrungen hatten sich die Schulden aufgetürmt, die Farm war ein wirtschaftlicher Misserfolg und wurde folgerichtig zum Verkauf angeboten. Dieses Ende der Farm fiel mit dem Tod von Denys Finch Hatton im Mai 1931 zusammen, der mit dem Flugzeug, mit dem er Blixen zuvor „die Welt geöffnet" hatte, abgestürzt und dabei ums Leben gekommen war.

Es gab eine Stelle im Gebirge auf der ersten Anhöhe im Wildreservat, die ich zu Zeiten, da ich gemeint hatte, ich würde in Afrika leben und sterben, selber Denys als meine Begräbnisstätte bezeichnet hatte. Abends, als wir vor dem Hause sitzend die Berge betrachteten, sagte er, dann wolle er gern auch dort begraben liegen. Nochmals, wenn wir ins Gebirge hinausfuhren, sagte Denys zuweilen: „Komm, wir fahren bis zu unseren Gräbern." (...) Man hatte von da einen unermesslich weiten Blick, im Schein der Abendsonne sahen wir den Kenia und den Kilimandscharo. Denys verzehrte, im Grase liegend, eine Orange und sagte, das wäre ein Ruheplatz nach seinem Herzen.

Der persönliche Verlust – nicht nur Finch Hattons, sondern auch der Farm – war mit dem Ende einer ganzen Epoche verwoben. Der Tod von Finch Hatton nimmt den Absturz der Kolonialherrschaft aus den Höhen einer uneingeschränkten Macht schon vorweg. Aber diese Herrschaft war noch längst nicht an ihr Ende gekommen, es war noch ein steiniger, dreißig Jahre währender Weg bis zur Präsidentschaft von Jomo Kenyatta, zum Ujamaa-Sozialismus Julius Nyereres in Tansania oder Frantz Fanons *Verdammten dieser Erde*, bis zum Zusammenbruch des britischen, französischen, portugiesischen Kolonialismus. Das Epochen-Ende, das Tania Blixen beobachtet und notiert hat, vollzog sich wesentlich tragischer, leiser und mit deutlich weniger Zuschauern, es war das Aussterben einer „alten Welt" (Jürg Glauser), einer Welt, die mit so viel Willkür und Brutalität überzogen worden war, bis sie schließlich kaputtgehen und verschwinden musste.

> *Von der Farm aus konnten wir das tragische Schicksal des aussterbenden Massaistammes am anderen Ufer des Flusses Jahr um Jahr verfolgen. Sie waren Krieger, die nicht mehr kämpften, ein sterbender Löwe mit gekappten Klauen, ein entmanntes Volk. Man hatte ihnen ihre Speere, ja sogar ihre prächtigen Schilde genommen, und im Jagdschutzgebiet verfolgten die Löwen ihre Rinderherden. Ich hatte auf der Farm einmal drei junge Bullen, die verschnitten wurden, um als zahme Ochsen meine Pflüge und Wagen zu ziehen. Nachts witterten die Hyänen das Blut, brachen ein und töteten sie. So, schien mir, war das Schicksal der Massai.*

Im Bild der entmannten Massai liegt die ganze Brachialität und Würdelosigkeit des Kolonialismus. Ganz so, wie man die Löwen und Büffel dezimierte und für die verbliebenen Tiere großzügige Jagdreservate errichtete, dezimierten die britischen Kolonialherren in Kenia auch die Menschen, aber erst, nachdem sie ihnen ihre Tradition, ihre Identität, ihre Seele geraubt hatten:

> *Es ist mehr als nur der Boden, was den Menschen genommen wird, denen man die heimatliche Erde nimmt. Es ist ihre Vergangenheit, ihr Wurzelgrund, ihr Eigensein. Raubt man ihnen die Dinge, die sie seit je gesehen haben und allzeit zu sehen hofften, so kann man ihnen eigentlich ebensogut die Augen rauben; entreißt man ihnen die Dinge, die sie seit je befühlt und gehandhabt haben, so kann man ihnen geradesogut die Hände abreißen. Das gilt in höherem Maße von Primitiven als von Kulturmenschen, und Tiere gar wandern weite, gefahrvolle, leidensvolle Wege dahin zurück, wo sie ihr Wesen wiederfinden an den Dingen, die ihnen vertraut sind.*

Als die Farm aufgelöst wurde und Blixen ihre Koffer packen musste, überkam sie „das Gefühl, dass meine Arbeit im Lande nun getan sei und dass ich gehen könne". In einem Brief an ihre Mutter hatte sie nach dem Ende der langen Trockenzeit im Februar 1919 geschrieben:

Es ist herrlich hier, ein Paradies auf Erden, wenn genug Regen kommt. Und in Notzeiten gewinnt man unwillkürlich dieses widerspenstige Land noch lieber; ich habe das Gefühl, dass ich in Zukunft, wo immer in der Welt ich bin, daran denken werde, ob es wohl in Ngong regnet.

Man kann sich sehr gut vorstellen, wie Tania Blixen nach dem Zweiten Weltkrieg oder noch später, kurz vor ihrem Tod 1962, in Dänemark oder in Paris saß, vielleicht aus dem Fenster sah, an ihre Farm zurückdachte und sich fragte, ob es wohl gerade in Ngong regnete.

Der poetische Jäger –
Ernest Hemingway in Afrika

In Afrika dachte Hemingway auch über Amerika nach:

> *Unsere Vorfahren sind nach Amerika gegangen, weil das damals das Land war, wohin man gehen sollte. Es war ein gutes Land gewesen, und wir hatten eine furchtbare Sauerei daraus gemacht, und ich würde jetzt woanders hingehen, da wir immer das Recht hatten, woandershin zu gehen, und wir auch immer gegangen waren. Man konnte immer zurückkommen. Sollten die anderen ruhig nach Amerika kommen, die nicht wussten, dass sie zu spät kamen.*

In der Ferne dachte er an das Land, aus dem er selbst kam und das er gut genug kannte. Ein Land, das ihm nur noch als eine „furchtbare Sauerei" erschien, gescheitert, von den eigenen Leuten zugrunde gerichtet. Wer auch immer jetzt noch mit Hoffnungen nach Amerika komme, sei leider „zu spät" dran. Amerika habe „seinen Höhepunkt" längst hinter sich und die Zeit, wo es sich gelohnt habe, „dafür zu kämpfen", als Pionier, als Siedler und Farmer, als Soldat, sei vorüber.

Es ist wichtig zu sehen, dass Hemingway diese negativen Sätze in Afrika schreibt. So entsteht eine direkte Verbindung zwischen dem Amerika- und dem Afrika-Bild, das aus seinen Texten spricht. Hemingway würde jetzt „woanders" hingehen, eben nach Afrika, „bestimmt würde ich nach Afrika zurückkommen (...). Ich würde dorthin zurückkehren, wo ich gern lebte, um wirklich zu leben. Nicht einfach, um mein Leben vorübergehen zu lassen."

Leben, *wirklich* leben – das Leben ganz und gar spüren, unter der Sonne Afrikas, auf den „grünen Hügeln", während es in den USA, in der kaputten Zivilisation nur „vorübergehen", ablaufen würde. Diese Gegenüberstellung klingt fast zu einfach und alles ist tatsächlich etwas komplizierter.

Im Dezember 1933 reiste Hemingway mit seiner Ehefrau Pauline über Kenia nach Tansania ins Gebiet des Kilimandscharo. Im März 1934 kehrten sie wieder zurück in die USA.

Zu dieser Zeit war Hemingway bereits ein weltbekannter und, nicht ganz unwichtig, finanziell erfolgreicher Schriftsteller. Zwar hatte er nicht für sein Land gekämpft, aber freiwillig als Sanitäter beim Roten Kreuz gedient und war gegen Ende des Krieges an der italienischen Front schwer verwundet worden. Diese und andere Erfahrungen hatte er literarisch verarbeitet und war nach seiner Genesung wieder nach Europa gegangen, nach Paris, nach Spanien. Hier hatte er inmitten der maßgeblichen Künstlerzirkel der Zeit seine ersten großen Erfolge gefeiert, die Erzählungen *In unserer Zeit*, die beiden Romane *Fiesta* und *In einem andern Land*. In diesem Zusammenhang prägte Gertrude Stein das Wort von der verlorenen Generation, jener Generation, der Hemingway angehörte, die durch den Krieg entwurzelt war und in ihrem Land keine Heimat mehr besaß.

Zugleich hatte Hemingway mit *Tod am Nachmittag* dem Stierkampf in Spanien ein Denkmal gesetzt. Von dieser Faszination für den Stierkampf lässt sich eine Linie ziehen zum Wunsch, in Afrika auf die Jagd zu gehen – in beiden Fällen handelt es sich um Formen der direkten Konfrontation von Mensch und Tier, des offenen Kampfes, der über Leben und Tod entscheidet. In seinem berühmten Essay *Über die Jagd* hat José Ortega y Gasset geschrieben, dass der moderne Mensch in der Jagd „eine Rückkehr aus Geschichte und Kultur ins wahre ‚Feld‘ der Natur" erlebt, sich zurückversetzt in eine vorgeschichtliche, urgeschichtliche, archaische Situation und Umgebung, in der die Beschränkungen und Entfremdungen der bürgerlichen Welt aufgehoben werden.

Seit seiner Kindheit war Hemingway mit der Jagd vertraut. Am Walloon Lake in Michigan besaß die Familie ein Sommerhaus, hier lernte er als Junge das Angeln, „brachte Ed Hemingway seinem Sohn den Umgang mit Werkzeug und Waffen bei, hier", schreibt Hans-Peter Rodenberg, „lehrte er Ernest, wie man Wild ausweidete und zum Essen zubereitete, wie man mit den Fischen aus dem See umging. Es war eine männliche Welt, in der die Dinge einfach und unkompliziert schienen (...)." In der Umgebung konnte man durch die Wälder ziehen und auf die Jagd gehen, eine Landschaft voller wilder Schönheit, die Hemingway in den *Nick Adams Stories* aufbewahrt hat, etwa in *Das letzte gute Land*, wo Nick Adams

erst zum Hügel hinauf schaute und dann hinunter zum See und dem Landesteg, zu der bewaldeten Halbinsel jenseits der Bucht

und dem offenen Wasser dahinter, wo die Wellen weiße Schaum-
kappen trugen. Er lehnte mit dem Rücken an einer großen Kiefer.
Hinter ihm lag kiefernbestandenes Sumpfland. Seine Schwester
saß neben ihm im Moos und hatte den Arm um seine Schulter ge-
legt.

So sind Amerika und Afrika miteinander verwoben. Dieses Land der
Kindheit, die einfache Harmonie war es, die Hemingway in Afrika wiederzufinden hoffte.

Die grünen Hügel Afrikas, unmittelbar im Anschluss an die erste Afrika-Reise entstanden, ist ein Buch über die Jagd. Seine vier Hauptkapi-
tel sind mit „Jagd und Unterhaltung", „Jagd in der Erinnerung", „Jagd
und Versagen" sowie mit „Jagd als Glück" überschrieben, verbinden die
Jagd also mit existentiellen Situationen und Empfindungen. Daher geht
es in dem Buch, das bewusst dokumentarisch, nicht als Roman angelegt
ist, gleichzeitig um weit mehr als die Jagd.

Möglicherweise gehen manche auf die Jagd, um den Kitzel des Tö-
tens, die Allmacht über die anderen Mitgeschöpfe zu erleben. Doch
ohne eine intensive Beziehung zur Natur, ohne eine gewisse Ehrfurcht
lässt sich Jagd nicht denken. In Afrika konnte Hemingway „die kom-
mende Tageshitze riechen, das Auftrocknen des Taus, die Hitze auf den
Blättern und das Brüten der Sonne auf dem Fluss." In ihrer archaischen
Geste ist die Jagd auch ein Wieder-Eintauchen in die Natur, die auf neue
Weise erfahren und von Hemingway poetisch erfasst wird:

Die Spur im Boden war einen Fuß tief und glatt ausgetreten, und
wir verließen sie, wo sie sich durch einen Sattel zwischen den Hü-
geln wie ein ausgetrockneter Bewässerungsgraben hinabsenkte,
und erkletterten schwitzend den kleinen, steilen Hügel zur Rechten
(...). Es war eine grüne, hübsche Gegend mit Hügeln unterhalb des
Hochwalds, der dicht auf einer Bergwand stand, und sie wurde von
den Tälern verschiedener Wasserläufe durchschnitten (...). Wir la-
gen alle dort am Hügelhang und suchten die Gegend sorgfältig
nach Rhinos ab. (...) Ein kühler Wind kam von Osten, und er blies
Wellen im Gras auf den Hügelhängen. Man sah viele große weiße
Wolken, und die riesigen Bäume des Hochwalds an der Berglehne
standen so dicht, und waren so stark belaubt, dass es aussah, als ob
man über ihre Wipfel gehen konnte.

Die enge Verbindung zur Natur schließt aber auch Gefahren mit ein; sich in der Natur aufzuhalten, bedeutet auch, sich ihr im Zweifelsfall ganz überlassen zu müssen:

> *Wir beschlossen wie Narren, die Bergwand unter dem Waldrand gerade zu überqueren. Also stiegen wir in der Dunkelheit, dieser eingebildeten Linie folgend, in steile Schluchten hinab, die einfach wie bewaldete Flecken aussahen, bis man in ihnen drin war, rutschten hinab, hielten uns an Schlingpflanzen fest, stolperten und kletterten und rutschten von neuem, tiefer und tiefer, dann steil und unmöglich bergan, hörten das Rascheln nächtlicher Dinge und das Husten eines Paviane jagenden Leoparden, und ich mit meiner Furcht vor Schlangen berührte jede Wurzel und jeden Ast im Dunkeln voller Schlangenangst.*
>
> *Zwei Schluchten ging es auf allen vieren hinunter und hinauf (…) und dann kletterten wir den langen, zu steilen Bergvorsprung hinauf (…), waren todmüde (…), gingen im Gänsemarsch im Mondlicht über den Hang weiter, hinauf und zum Gipfel, wo das Gehen leicht war, wo sich das Land im Mondlicht ausbreitete (…).*

Vom bereits erwähnten Ortega y Gasset stammt auch der Satz, dass „die Jagd eine Nachahmung des Tieres" sei, dass der Jäger sich dem Tier vollständig anverwandeln müsse, mit dem Ziel, es zu überlisten und zur Strecke zu bringen. Diese Nachahmung, dieses Wie-ein-Tier-Werden lässt sich anhand der genauen Beschreibungen Hemingways lebhaft nachvollziehen:

> *Als wir den Büffeln nachpirschten, gingen wir sehr langsam und leise. Es war kein Wind, und wir wussten, wenn die Brise aufkam, würde sie aus Osten kommen und die Schlucht herauf uns entgegenwehen. Wir folgten dem Wildwechsel das Flussbett hinunter, und wie wir so gingen, war das Gras viel höher. Zweimal mussten wir am Boden kriechen, und das Schilf stand so dicht, dass man nicht zwei Fuß tief in es hineinsehen konnte. (…) Wir gingen weiter in ein zweites Schilfrohrdickicht hinein, das hoch über unsere Köpfe ging, setzten einen Fuß behutsam nieder, ehe wir den anderen hoben, gingen so lautlos wie im Traum oder in Zeitlupenaufnahme.*

In seiner einfachen, klaren Sprache versteht es Hemingway, die erregenden, angespannten Momente der Rückverwandlung zum Tier einzufangen. Und doch – der Jäger *ist* kein Tier. Nach dem Erlegen einer Antilope, eines Bocks, beschreibt Hemingway, was er schon als Junge gelernt und als Mann nicht verlernt hat:

> *Aber als wir ihn auf der Seite liegend auffanden, klopfte sein Herz noch heftig, obschon er allem Anschein nach tot war. Droopy [ein eingeborener Spurenleser] hatte kein Jagdmesser bei sich, und ich hatte nur ein Taschenmesser, um ihm den Fangstoß zu geben. Ich tastete mit den Fingern hinter dem Vorderlauf nach dem Herzen, und als ich es unter der Haut schlagen fühlte, ließ ich das Messer hineingleiten, aber es war kurz und schob das Herz beiseite. Ich konnte es heiß und gummiartig gegen meine Finger fühlen und fühlen wie das Messer es fortschob, und ich tastete umher und durchschnitt die große Schlagader, und das Blut lief heiß über meine Finger. Nachdem er verblutet war, begann ich ihn mit dem kleinen Messer aufzubrechen (...), und ich nahm ihn säuberlich aus, entfernte die Leber, schnitt die Galle weg und breitete die Leber auf einem kleinen Grashügel aus und legte die Nieren daneben.*

So sachkundig und so wenig zimperlich Hemingway hier zu Werke gegangen ist, so wenig triumphalisch ist seine Auffassung von der Jagd. Zwar ist er auch auf Trophäen aus, aber er weiß genau, dass es bei der Jagd letztlich um eine andere Sache geht:

> *Man kann nicht immer auf der Höhe einer derartigen freudigen Erregung leben, wie ich sie im Schilf verspürt hatte, und nach dem Töten, selbst wenn es nur ein Büffel ist, fühlt man sich innerlich wie betäubt. Töten ist kein Gefühl, das man mit anderen teilt (...).*

Töten und Sterben – seit seiner Kriegsverwundung ist sich Hemingway der eigenen Verletzbarkeit, der immer drohenden Möglichkeit zu sterben, nur zu bewusst. Und weil er sie am eigenen Körper erfahren hat, überträgt er diese existentielle Erfahrung auf die Jagd, was ihn vor Hochmut bewahrt:

> *(...) das eine Mal im Lazarett, als mein rechter Arm zwischen Ellbogen und Schulter beinahe abgebrochen war und die Rückseite meiner Hand meinen Rücken entlang gegangen hatte und die Knochenenden das Fleisch des Bizeps zerfetzt hatten, bis es schließlich in Fäulnis überging, anschwoll, aufplatzte und eitrig verschorfte.*

*Allein mit dem Schmerz in einer Nacht der fünften schlaflosen
Woche dachte ich plötzlich, was wohl ein Hirsch fühlen würde,
wenn du ihm die Schulter zerbrichst und er davonkommt, und in
jener Nacht lag ich da und fühlte es alles, die ganze Sache, wie sie
vor sich gehen würde – von dem Schock der Kugel an bis zum Ende
der Angelegenheit, und da ich ein bisschen wirr im Kopf war,
dachte ich, was ich durchmache, sei vielleicht die Strafe für alle Jäger. Dann, als ich gesund wurde, kam ich zu dem Schluss, dass ich
voll bezahlt hatte, falls es Strafe war, und dass ich jetzt wenigstens
wusste, was ich tat. Ich tat nichts, was man mir nicht angetan
hatte. Ich war verwundet worden, und ich war verkrüppelt worden
und davongekommen. Ich rechnete immer damit, von der einen
oder anderen Sache getötet zu werden, und wahrhaftig, es machte
mir nichts mehr aus.*

Nach den Verwundungen und Schocks nahm Hemingway sein „eigenes
verfluchtes Leben" nicht mehr so wichtig, „und ich würde es führen, wie
und wo es mir passte. Und wo ich es jetzt hingeführt hatte, gefiel es mir
außerordentlich gut." Eben nach Afrika.

Dabei ist seine Sicht auf den Kontinent und seine Menschen durchaus
nicht frei von der gönnerhaften Selbstzufriedenheit des weißen Mannes,
der Hemingway ja auch war. Einerseits entkleidete er sehr wohl kulturelle
Entwicklungen und Besonderheiten ihrer religiösen Überhöhung und
führte sie auf psychologische Motive zurück, wie im Fall des sich in Afrika
verbreitenden Islam, der „einem eine Kaste gab, etwas, woran man glauben konnte, etwas, was Mode war und einem einen Gott gab, um dessent-
willen man jedes Jahr ein bisschen litt, etwas, wodurch man anderen Leuten überlegen war, etwas, was einem komplizierte Esssitten gab (...)."
Andererseits schimmert ein zumindest teilweise spätkolonialer Blick immer wieder durch. Auf den Äckern begegnete Hemingway „trockenbrüs-
tigen alten Frauen und schrumpfflankigen, hohlrippigen alten Männern
in den Kornfeldern" und beim Besuch eines Massai-Dorfs traf er „die
größten, bestgewachsenen, prächtigsten Menschen, die ich je gesehen
hatte, und die ersten wirklich fröhlichen, glücklichen Menschen, die ich
in Afrika gesehen hatte. Als wir schließlich fuhren, fingen sie an, strah-
lend und lachend neben dem Auto herzulaufen (...)."

Wenn in der einen Schilderung noch ein Hinweis auf die physische
Belastung durch die schwere Feldarbeit mitschwingt, erweist sich die

zweite Beschreibung als implizit kolonialistisch: Die Feldarbeiter und die Massai werden auf ihre Physis reduziert, die Massai werden dabei sogar zu Kindern, die viel lachen und dem Auto hinterherlaufen. Hemingways Sicht bleibt oberflächlich, nicht zuletzt infolge des eingeschränkten, touristischen Blickwinkels. Das ist ihm auch bewusst, da er an anderer Stelle seinen Willen bekundet hat, „die Sprache zu lernen und Zeit zu haben, um richtig dort zu sein und gemächlich zu reisen".

Ebenso bemerkenswert ist ein anderes Detail: Die Massai werden als „glücklich" beschrieben. Auch Hemingway lernt in Afrika Momente dieses Glücks kennen, eben auf der Jagd: „Dies war die Sorte Jagd, die ich mochte. Keine Autofahrerei, abwechslungsreiches Gelände statt der Ebenen, und ich war völlig glücklich."

Überhaupt ist es genau das, was Hemingway hier erlebt, Glück, eine Befreiung durch Afrika, durch ein Erleben, das sich in seiner Intensität nur mit der Vereinigung mit einer Frau vergleichen lässt:

> *Alles, was ich jetzt wollte, war, nach Afrika zurückkommen. Wir hatten es noch nicht verlassen, aber wenn ich nachts aufwachte, lag ich lauschend da, bereits voller Heimweh danach.*
>
> *Jetzt, als ich aus dem Taumel von Bäumen oberhalb der Schlucht in den Himmel mit den weißen, im Wind vorüberwehenden Wolken blickte, liebte ich das Land so, dass ich glücklich war, wie man ist, nachdem man mit einer Frau, die man wirklich liebt, zusammen war, wenn man es in der Leere wieder aufwallen fühlt und es da ist und man es nie ganz haben kann, und doch, was jetzt da ist, kann man haben, und man will mehr und mehr, um es zu haben und zu sein und darin aufzugehen, noch einmal zu besitzen für immer, für jenes lange, plötzlich endende Immer, so dass die Zeit stillsteht, manchmal so vollkommen still, dass man danach darauf wartet, zu hören, dass sie sich bewegt und sie lange braucht, bis sie beginnt. (...) Jetzt, als ich in Afrika war, hungerte ich bereits nach mehr, dem Wechsel der Jahreszeiten, der Regenperiode, ohne weiter zu müssen, den Unbequemlichkeiten, die man in Kauf nahm, damit alles Wirklichkeit erhielt (...). Mein ganzes Leben über liebte ich das Land; das Land war immer besser als die Leute.*

Heute beeindrucken besonders die Passagen, in denen Hemingway geradezu als Vordenker der Ökologiebewegung erscheint, was man nicht erwartet haben mag. Und doch führen diese kritischen Überlegungen wieder direkt zurück zur Kindheit und zum Bild der Harmonie mit der Natur.

Ein Kontinent altert schnell, sobald wir kommen. Die Eingeborenen leben mit ihm in Harmonie. Aber der Fremde zerstört, fällt die Bäume, zieht das Wasser ab, so dass die Wasserversorgung eine andere ist, und in kurzer Zeit ist der Boden, wenn die Scholle erst einmal umgewendet ist, ausgelaugt, und das nächste ist, dass er wegzuwehen beginnt, wie er in jedem alten Land weggeweht ist und wie ich den Anfang davon in Kanada gesehen hatte. Die Erde ermüdet, wenn man sie ausnutzt. Ein Land verbraucht sich schnell, wenn der Mensch nicht all seine Rückstände und die all seiner Tiere wieder hineinsteckt. Wenn er aufhört, Tiere zu benutzen, und die Maschinen benutzt, besiegt ihn die Erde schnell. Die Maschine kann nichts erzeugen, sie kann auch nicht den Boden fruchtbar machen, und sie verbraucht, was er nicht hervorbringen kann. Ein Land war geschaffen, so zu sein, wie wir es vorfanden. Wir sind die Eindringlinge, und wenn wir tot sind, mag es von uns ruiniert worden sein, aber es wird noch da sein, und wir wissen nicht, was die nächsten Veränderungen sind. Ich vermute, sie enden alle wie die Mongolei.

Während der Safari erkrankte Hemingway an einer Darminfektion, man musste ihn zur Behandlung nach Nairobi bringen. Nach der ersten, dokumentarischen Verarbeitung seiner Afrika-Reise griff Hemingway auf diesen Moment zurück und nahm ihn, jetzt wieder zum Fiktionalen übergehend, zum Anlass für eine Geschichte, die 1936 erschien und bis heute zu seinen bekanntesten zählt: *Schnee auf dem Kilimandscharo*. Die Parallelen von Realität und Fiktion sind nicht zu übersehen.

Der Schriftsteller Harry befindet sich auf einer Safari, bei der er sich verletzt hat. Wie der Autor ist er durch die Krankheit auf sich selbst zurückgeworfen und liegt am Fuß des Kilimandscharo, ohne sich regen zu können, im „Hitzeflimmern der Ebene". Sein Leben läuft noch einmal vor ihm ab und er bedauert, dass er „jetzt niemals die Sachen schreiben würde, die er zum Schreiben aufgespart hatte, bis er wirklich genügend wusste, um sie gut zu schreiben". Während sein Körper gegen den Wundbrand kämpft, träumt er sich im Fieber zur schneebedeckten Spitze des Berges. Aber in Ermangelung von Medizin und Transportmitteln stirbt er, wie ein angeschossenes Tier im Dschungel hilflos verenden muss.

Ernest Hemingway um 1954,
zur Zeit seiner zweiten Reise nach Afrika

Am liebsten wäre Hemingway gleich in Afrika geblieben, hier gab es
alles, wonach er sich vielleicht am meisten sehnte:

> *Gewiss, man konnte seinen Lebensunterhalt hier nicht verdienen.*
> *(...). Die Heuschrecken kamen und fraßen einem die Ernten weg,*
> *und der Monsun setzte aus, und die Regenzeit kam nicht, und alles*
> *vertrocknete und ging zugrunde. Es gab Zecken und Fliegen, die das*
> *Vieh töteten, und die Moskitos verursachten Fieber, und vielleicht*
> *bekam man Schwarzwasserfieber. (...) Gewiss. Aber ich wollte ja*
> *kein Geld verdienen. Alles, was ich wollte, war, hier leben und Zeit*
> *zum Jagen haben.*

Die Zeit hätte er gehabt, aber eben diese Zeit verschlug ihn doch bald an
andere Orte. Erst zwanzig Jahre später ist Hemingway wieder nach Afrika zurückgekehrt. Dieser große Abstand hatte vor allem weltpolitische
Ursachen: Hemingway berichtete über den Spanischen Bürgerkrieg,
1944 war er in Paris, als Zeuge der Befreiung von der deutschen Wehr-

macht. Mittlerweile hatte sich sein ruppiges öffentliches Image auf eine Weise verfestigt, die ihm selbst kaum behagt haben mag, so tatkräftig er auch daran mitgestrickt hatte. Der raubeinige Säufer, der Boxer und Frauenheld und eben auch der Jäger – dies alles waren Stilisierungen der Männlichkeit, Macho-Attitüden, über die gern berichtet wurde, hinter denen Hemingway aber doch nur eine „hohe narzisstische Verletzlichkeit" (Rodenberg) zu verstecken suchte.

Im Winter 1953/54 war er wieder ein halbes Jahr in Afrika, in Kenia, nahe der Grenze zum damaligen Belgisch-Kongo, jetzt in Begleitung seiner vierten Frau Mary. Diese Reise wurde aber weniger durch die Literatur als durch die Begleiterscheinungen bekannt, die ganz nach Hemingways Geschmack waren. Innerhalb von zwei Tagen überlebte er einen Flugzeugabsturz und rettete sich aus einem am Boden in Brand geratenen Flugzeug, nicht ohne sich schwere Verletzungen zuzuziehen.

Auch diese zweite Afrika-Reise hatte literarische Konsequenzen: Hemingways Sohn Patrick gab 1999 das umfangreiche Manuskript *Die Wahrheit im Morgenlicht. Eine afrikanische Safari* heraus, ein Text, den sein Vater nicht mehr fertiggestellt hatte.

Wieder saß der Haudegen am Feuer, unterhielt sich über die Jagd und ließ sich das Fleisch des eben erlegten Löwen schmecken. Die alte Faszination, das alte Glücksgefühl stellten sich sofort wieder ein.

> *In diesem Teil Afrikas passierte jeden Tag etwas, mal etwas Schreckliches, mal etwas Schönes. Morgens aufzuwachen war jedesmal so aufregend, als stünde einem ein Abfahrtslauf auf Skiern oder ein Bobrennen bevor. Man wusste, etwas würde geschehen, und zwar meist schon vor elf Uhr. Ich habe keinen Morgen in Afrika erlebt, an dem ich mich nach dem Aufwachen nicht glücklich gefühlt hätte.*

Es fällt auf, dass Hemingway – nahe verwandt mit den Überlegungen von Tania Blixen – den Zusammenhang zwischen dem Afrika-Erlebnis und den verlorenen Regionen der Kindheit herstellt:

> *Es gibt immer mystische Gegenden, die Teil unserer Kindheit sind. An die wir uns erinnern und die wir manchmal im Traum besuchen. Im Schlaf erscheinen sie uns wieder so schön wie damals in der Kindheit. Wenn man aufbricht, um sie mit eigenen Augen zu sehen, sind sie nicht da. Aber nachts, wenn man das Glück hat, von ihnen zu träumen, sind sie so schön wie eh und je. (...)*

Als wir in Afrika in der kleinen Ebene im Schatten der großen Aka-
zien, in der Nähe des Flusses, am Rand des Sumpfs, am Fuß des ge-
waltigen Berges lebten, hatten wir solche Gegenden. Eigentlich
waren wir keine Kinder mehr, aber in mancher Hinsicht, da bin
ich mir ganz sicher, waren wir es doch. (...) Afrika ist so alt, dass
es alle Menschen außer den professionellen Invasoren und Verder-
bern zu Kindern macht.

Daher betont er auch, dass „ein kindliches Herz", „eine kindliche Ehr-
lichkeit und eine kindliche Frische und Größe" oder ein „unbedarftes
Vertrauen" Eigenschaften seien, die einen anderen Zugang zur Welt
erlauben, einen Zugang, der noch nicht angekränkelt oder verstellt
ist von funktionaler Vereinseitigung, die er an den USA immer so kritisierte.

Auch die historischen Umbrüche spielen mit in den Text hinein, aber
doch nur am Rande, etwa wenn ein Jagdbegleiter sagt: „Wir tolerieren
die Weißen und möchten in Eintracht mit ihnen leben, jedenfalls sehe
ich das so. Aber zu unseren Bedingungen." Zwar zerbröselt das alte
Kolonialsystem allmählich, aber die eigentliche Entkolonisierung steht
dem Kontinent erst noch bevor. Nicht diese politischen Hintergrundge-
räusche spiegeln sich im Text, sondern die Möglichkeit, sich dieses Mal
vielleicht sogar noch intensiver auf Afrika einzulassen:

Ich dachte daran, was für ein Glück wir diesmal in Afrika hatten:
dass wir lange genug an einem Ort lebten, um die einzelnen Tiere
richtig kennenlernen zu können, die Schlangenlöcher und auch die
Schlangen, die sie bewohnten. Als ich das erste Mal in Afrika gewe-
sen war, hatten wir es immer so eilig gehabt, von einem Ort zum
andern zu kommen, nur um zu jagen und unsere Trophäensamm-
lung zu vergrößern.

Zwei Jahrzehnte zuvor hatte Hemingway es gesagt und er wiederholte es
jetzt, den Wunsch, einfach alles hinter sich zu lassen und alle Brücken,
die in die Zivilisation zurückführten, abzubrechen:

Ich wünschte, wir müssten überhaupt nicht mehr zurück. Ich
wünschte, wir hätten weder ein Haus noch irgendwelchen Besitz
oder irgendwelche Verpflichtungen. Ich wünschte, wir hätten nur
eine Safariausrüstung, ein gutes Jagdauto und zwei gute Last-
wagen.

Im Vordergrund der ersten Reise hatte zweifellos die Jagd gestanden, sie ist auch noch präsent im zweiten Text, tritt aber doch spürbar zurück. Schon anhand eines Vergleichs der Titel *Die grünen Hügel Afrikas* und *Die Wahrheit im Morgenlicht* lässt sich eine veränderte Wahrnehmung, ein Erkenntnisfortschritt ablesen. Es ist nicht mehr die Natur, die Landschaft, welche das Bild von Afrika bestimmen – stattdessen ist Hemingway zu einer *Deutung* der afrikanischen Natur oder, wenn man so will, der spezifischen Magie Afrikas vor- und durchgedrungen:

> *Wir traten in die afrikanische Welt der Unwirklichkeit, die von einer Wirklichkeit jenseits aller wahren Wirklichkeit gestützt oder gesteigert wurde. Es war keine Welt für Fluchten oder Tagträume. Es war eine gnadenlose, wirkliche Welt, die aus der Unwirklichkeit des Wirklichen entstand.*

Die afrikanische Wirklichkeit lässt sich eben nicht leicht erfassen, denn das, was eben noch wahr war, löst sich im nächsten Moment schon wieder auf und verschwindet:

> *In Afrika ist etwas im Morgenlicht wahr und mittags eine Lüge, und man gibt nicht mehr darauf als auf den reizenden, von hohem Gras gesäumten See am anderen Ende der sonnenversengten Salzebene. Man hat diese eben am Vormittag durchquert, und man weiß, es gibt dort keinen solchen See. Und doch ist er jetzt unbestreitbar wahr, schön und glaubhaft.*

Hemingways Afrika steht Hemingways Amerika diametral entgegen. Hatte er sich eben noch über Amerika mit seinem Fernsehen, den Nachtcremes und Pfandleihern lustig gemacht, beschloss er nun, nachts allein auf die Jagd zu gehen, im Mondschein und in völliger Entgrenzung, nicht mit einem Gewehr, sondern mit einem Speer, ganz so, wie es die afrikanischen Jäger seit Jahrtausenden gemacht hatten. „Das war mehr als ein bisschen theatralisch, aber das ist Hamlet auch." So zog Hemingway tatsächlich los zur nächtlichen Jagd, wenn er sich auch nicht zu weit vom Lager zu entfernen wagte, was im Wissen um die Tiere dort draußen zu gefährlich gewesen wäre. „Ich hoffte, dass ich nicht auf irgend etwas stoßen würde, das ich töten müsste."

Dieses Bild weist ohne Zweifel komische Züge auf: der gealterte und dicker gewordene Erfolgsautor, mit seiner Hochseeyacht und den vier Frauen, immer ein volles Glas in der Hand, der sich ein Luxusleben leis-

ten kann und eben dieser Welt entfliehen will. Die Szene, eine muster-
gültige Regression, erschließt Hemingways Beziehung zu Afrika in besonderer Weise. Im Zurückgehen auf die Ursprünge erlebt er den größten Gegensatz zur US-amerikanischen Zivilisation, die er vor allem als
Entfremdung verstand, als das Gegenbild, wie er es schon Anfang der
1930er Jahre gesehen hatte.

> (...) und wenn (...) dir bewusst ist, dass dieser Golfstrom, mit dem
> du lebst, den du kennst, von dem du ständig zulernst und den du
> liebst, geflossen ist, wie er fließt, bevor es Menschen gab, und dass er
> an der Küstenlinie dieser langen, wunderschönen, unglücklichen In-
> sel vorbeizog, lange ehe Kolumbus sie sichtete, und dass die Dinge,
> die du über sie und die Leute, die dort immer gewohnt haben, ent-
> deckst, von Dauer und von Wert sind, weil dieser Strom noch flie-
> ßen wird, wie er geflossen ist, nachdem die Indianer, nachdem die
> Spanier, nachdem die Engländer, nachdem die Amerikaner und
> nachdem alle Kubaner und alle Regierungssysteme, der Reichtum,
> die Armut, das Märtyrertum, die Hingabe und die Bestechlichkeit
> und die Grausamkeit alle verschwunden sind wie der hochbeladene
> Lastkahn mit seinem buntfarbigen, weißgesprenkelten, schlecht
> riechenden Abfall, der jetzt auf der Seite liegend seine Last ins blaue
> Wasser ausschüttet und es bis zu einer Tiefe von vier oder fünf Fa-
> den in ein helles Grün kehrt, während die Ladung sich an der Ober-
> fläche ausbreitet, das Versinkbare in die Tiefe geht und das Treibgut
> von Palmwedeln, Korken, Flaschen und verbrauchten elektrischen
> Glühbirnen, hin und wieder gewürzt mit einem Kondom oder
> einem tief treibenden Korsett, den zerrissenen Seiten aus dem Semi-
> narheft eines Studenten, einem stark aufgetriebenen Hund, ge-
> legentlich einer Ratte, einer nicht mehr distinguierten Katze, all die-
> ses sorgsam begleitet wird von den Booten der Abfallsammler, die
> mit langen Stangen ihre Beute herausfischen, so interessiert, so intel-
> ligent und so präzis wie Historiker (...) der Strom mit keiner sicht-
> baren Strömung schluckt täglich fünf Ladungen hiervon (...), die
> leeren Kondome unserer großen Leidenschaften treiben ohne Bedeu-
> tung gegen das eine, einzig Bleibende – den Strom.

Hemingway ist nachts mit dem Speer in der Hand hinausgegangen, weil
das Land seiner Kindheit längst im Zivilisationsmüll erstickt war, eine
Welt, an die er in den *Nick Adams Stories* zwar noch erinnern konnte,

die er aber doch verloren geben musste. In Afrika kehrte er aber nicht nur literarisch, sondern ganz real, physisch und psychisch, zu früheren Schichten zurück, zu seinen Anfängen, zu allen Anfängen, ins afrikanische Paradies der Kindheit, das so gnadenlos wie echt war, während sich in Amerika alles in Abfall verwandelt hatte. Bis zur Grenze der Lächerlichkeit ist Hemingway zurückgekehrt, eben so weit, wie es ging, so weit, wie er nur konnte.

Ich liebte dieses Land, und ich fühlte mich hier zu Hause, und wo ein Mann sich außerhalb seiner Heimat zu Hause fühlt, dorthin sollte er gehen.

Nach weit verbreiteter Ansicht zählen *Die grünen Hügel Afrikas* und *Die Wahrheit im Morgenlicht* nicht unbedingt zu Hemingways besten Büchern. Das mag stimmen, aber ohne sie bliebe dieser poetische Jäger unverständlich.

„In der Ferne ist die Freiheit" –
B. Traven im Land des Frühlings

Chiapas, Mexiko. Am 1. Januar 1994 besetzte die *Zapatistische Armee der Nationalen Befreiung* (EZLN) mehrere Bezirkshauptstädte, darunter San Cristóbal de las Casas. Der bewaffnete Aufstand war eine direkte Kriegserklärung an die mexikanische Regierung, die sogleich mit der Armee gegen die Zapatisten vorging. Militärisch unterlegen mussten sich die Zapatisten in den Dschungel zurückziehen.

Welche Gründe hatten zu dieser Konfrontation geführt? Äußerer Anlass war der Protest gegen das am gleichen Tag in Kraft tretende Nordamerikanische Freihandelsabkommen (NAFTA), das die Aufständischen als neoliberale Reform zugunsten der US-amerikanischen Industrie interpretierten. Mit der Abschaffung der Zölle würde der mexikanische Markt einseitig für billige Agrarprodukte aus den USA geöffnet, welche die Erzeugnisse der mexikanischen Kleinbauern verdrängen und so die ohnehin schwierigen Lebensbedingungen im Süden Mexikos nur noch verschärfen würden.

Neben dieser drastischen Warnung vor weiterer wirtschaftlicher Abhängigkeit von den USA protestierten die Zapatisten auch und vor allem gegen die mexikanische Regierungspartei, deren widersinniger Name *Partei der Institutionalisierten Revolution* längst zum Synonym für Korruption und Vetternwirtschaft geworden war. Die Zapatisten griffen eine Regierung an, die ihre eigene Geschichte verraten und nichts für die unterprivilegierten Schichten oder für die Situation der Indios getan hatte. Mit eilig aufgelegten Investitionsprogrammen zur Verbesserung der Infrastruktur bestätigte die Regierung nur ihre jahrzehntelangen Versäumnisse.

Der Rückzug der EZLN in den Dschungel war nicht das Ende der Aktionen, sondern ihr eigentlicher Beginn. Denn die Zapatisten rekrutierten sich vielfach aus der indigenen Bevölkerung, bei der sie bis heute starken Rückhalt besitzen. Sie begannen mit dem Aufbau autonomer Verwaltungsstrukturen in Chiapas und nahmen damit ihre Angelegenheiten in die eigenen Hände. Das Ziel dieser Umwälzung war, langfristig gesehen, eine demokratische Revolution in Mexiko anzustoßen, im

Sinne Emiliano Zapatas, einer der legendären Persönlichkeiten der mexikanischen Revolution von 1910.

Im Sommer 1924 hatte es einen Deutschen über London nach Tampico verschlagen, der auf seine ganz eigene Weise am Emanzipationskampf der Indios teilnehmen sollte. Hier, in dieser noch immer im Zeichen des Öl-Booms der Jahrhundertwende florierenden Stadt, vor allem von weniger zartbesaiteten Zeitgenossen bevölkert, hielt er sich mit verschiedenen Handlangerjobs über Wasser und beobachtete die hoffnungsfrohen Abenteurer, die Goldsucher, die weiter ins Landesinnere, in die östliche Sierra Madre, zogen und dann pleite und enttäuscht wieder zurückkehrten. Sozialer Ausschuss zwischen Bars und Bordellen, Vogelfreie und vaterlandslose Gesellen im wahrsten Sinne des Wortes, die als Öl-Driller schufteten oder den Dschungel rodeten, oft genug für Hungerlöhne. Neben seinen kleinen Jobs in Fabriken oder auf Kakaoplantagen hatte dieser Mann aber auch zu schreiben begonnen und erste Kontakte zum sozialdemokratischen *Vorwärts* in Berlin und zur Leipziger Büchergilde Gutenberg geknüpft. Dort erschienen nun seine Bücher, mit denen er sich als Autor B. Traven neu erfunden hatte.

Seine gekonnte Verarbeitung autobiographischer Erfahrungen und der ersten Eindrücke aus Mexiko sorgte sogleich für Weltbestseller: In den *Baumwollpflückern* muss sich der junge Gale in Mexiko verdingen, jede Arbeit annehmen, die sich ihm bietet, ob als Baumwollpflücker oder Viehtreiber, ganz so, wie es dem Autor zunächst auch ergangen war. Im berühmten *Totenschiff* beschreibt Traven, wie sich Gale als Seemann ohne Papiere, staaten- und rechtlos doch noch irgendwie durch die Absurditäten und Unmenschlichkeiten schlägt und zuletzt den Untergang des Schiffes, das für einen Versicherungsbetrug bei Sturm auf ein Riff gesetzt wird, überlebt. Die Bücher fanden sofort ein begeistertes Publikum, wurden in zahlreiche Sprachen übersetzt und erreichten innerhalb nur weniger Jahre Millionenauflagen. Mit seiner Mischung aus Exotik, Abenteuern und knappem Sarkasmus war Traven praktisch von heute auf morgen zum gefragten und erfolgreichen Autor geworden, eine Entwicklung, die er selbst, kurz zuvor noch von der britischen Polizei als illegaler Einwanderer ins Gefängnis gesperrt und nur auf Umwegen nach Mexiko gelangt, sicher nicht vorhergesagt hätte. Mexiko war ihm zu einer neuen Heimat geworden, hier begann sein Leben als erfolgreicher Schriftsteller.

Das Rätsel um die wahre Identität B. Travens ist längst gelöst. Heute wissen wir, dass er vor dem Ersten Weltkrieg als Schauspieler gearbeitet hatte, sich aber ab 1917 als Ret Marut politisch engagierte und in München den *Ziegelbrenner* herausgegeben hatte, um nichts weniger als die „Menschheit von Lüge, Heuchelei und Unwahrhaftigkeit zu befreien".

Als Leiter der Pressestelle hatte er sich sogar zu Beginn an der kurzlebigen Münchner Räterepublik beteiligt, nach deren Niederschlagung 1919 er verhaftet wurde. Kurt Eisner von der USPD war zuvor von einem Attentäter erschossen worden, Gustav Landauer wurde von Freikorps-Soldaten ermordet, Marut aber gelang in Erwartung der standrechtlichen Erschießung die Flucht in den Untergrund, bis er in London wieder auftauchte, um sich schließlich nach Mexiko einzuschiffen.

Der Ziegelbrenner und Maruts Verbindung zur Münchner Räterepublik erschließen seinen anarchistischen Standpunkt, von dem aus er nicht nur staatlichen Institutionen, sondern auch allen Organisationen, allen Parteien – linken, liberalen, rechten – zutiefst misstraute. Der Versuch, in München einen unabhängigen Sozialismus aus dem Boden zu stampfen, war in einem tragischen Chaos gescheitert. Die undogmatische, anarchistisch geprägte Strömung wurde zwischen allen Fronten zerrieben: Während die KPD kräftig ins Horn der „Diktatur des Proletariats" stieß, überließ Eberts Mehrheits-SPD aus Gründen der Machtkonsolidierung dem Fanatismus der Freikorps das Feld. Mehr als 600 Tote waren die Folge.

Aber Traven rächte sich auf seine Weise für diese politische Niederlage. Denn der bemerkenswerte Umstand, dass seine Romane im sozialdemokratischen *Vorwärts* und der gewerkschaftsnahen Büchergilde Gutenberg erschienen, also in Verlagen, deren politische Ausrichtung Traven aus eigener Erfahrung und vollster Überzeugung ablehnte, offenbart eine besondere Ironie: Indem er die Distributionswege des reformistischen, staatstragenden Gegners nutzte, erreichte er nicht nur das Publikum, um das es ihm wirklich ging, die Arbeiterschaft, sondern konnte so auch seine „linksabweichlerischen", anarchistischen Ansichten transportieren. Im *Totenschiff* kommen sie unverhohlen zum Ausdruck, als Gale vom Konsul, einem Bürokraten, der selbst Kafka alle Ehre gemacht hätte, ein neuer Pass verweigert wird:

> *„Also keine feste Wohnung. Mitglied eines eingetragenen Klubs?"*
> *„Wer, ich? Nein."*

„Eltern?"

„Nein. Gestorben."

„Verwandte?"

„Dank dem Himmel, nein. Wenn ich welche hätte, würde ich sie abschwören."

„Haben Sie gewählt?"

„Nein. Nie."

„Stehen Sie also auch nicht in den Wählerregistern."

„Sicher nicht. Ich würde auch nicht wählen, wenn ich an Land wäre."

Vereinsmeierei, geordnete Verhältnisse und so unermüdliches wie zweckloses Wählengehen – die Tugenden des überzeugten Sozialdemokraten standen bei Traven nie hoch im Kurs.

Zurück nach Mexiko. Warum dieses Land? In den 1920er Jahren, als Traven hier auftauchte, war Mexiko vor allem das Land der Revolution, zwar einer schwierigen, komplizierten Revolution, die irgendwie nichts zu tun hatte mit der Russischen, aber doch ausgestattet war mit Heroen wie Pancho Villa und Zapata, und damit für alle linken, revolutionären, sozialistischen Zeitgenossen genug Anlass bot, um sich mit ihr auseinanderzusetzen. Zumal die deutsche Revolution gescheitert war und Traven durchaus doppeldeutig schreiben musste: „In der Ferne ist die Freiheit." Aber er wollte die Dinge aus der Nähe sehen und bei den Indios fand er etwas, was ihn jenseits des Politischen mit ihnen verband: „Die christliche Religion setzt den Menschen als Herrn über die ganze Erde und über alles, was da grünt, fliegt, kriecht und schwimmt. Eine solche Religion versteht der Indianer nicht, er hat kein Bedürfnis zu herrschen, weder über Land noch über Tiere, und erst recht nicht über Menschen."

Bei seinen ersten frühen Gelegenheitsarbeiten war Traven auch als Händler durchs Land gezogen und hatte dadurch Kontakt mit mexikanischen Indianern gehabt. Dann, im Mai 1926, unmittelbar nach den *Baumwollpflückern* und dem *Totenschiff*, begab er sich im fremden Land auf eine Reise, die sein ganzes Leben noch einmal verändern sollte.

Von Tampico aus machte er sich auf den Weg ins rund 1.000 Kilometer südlich gelegene Chiapas, wo er sich als Fotograf einer Expedition des Archäologen Enrique Juan Palacios anschloss, deren Ziel es war, das bisher kaum erschlossene Südmexiko zu erforschen. Drei Monate lang zog Traven durch Chiapas, zunächst als Teil der Expedition, von der er sich dann aber Mitte Juni in San Cristóbal de las Casas trennte, um auf

Mit Tropenhut im Land des Frühlings,
eins der vielen „Phantombilder" B. Travens um 1926

eigene Faust mit dem Indio Felipe nach Chamula weiter zu reisen, in das Stammesgebiet der Tsotsil, Nachfahren der Maya. Traven beobachtete genau, führte Gespräche, ließ sich erklären, fotografierte, notierte: Anfang 1927 war sein Manuskript abgeschlossen und schon im Jahr darauf erschienen die 470 Seiten über das *Land des Frühlings*.

Dieser Reisebericht ist eine detaillierte soziale Studie zur Lebensweise und zu den Lebensbedingungen der Indios. Dieser Reise folgten zwischen 1927 und 1931 fünf weitere Aufenthalte von jeweils mehreren Monaten in Chiapas, und das waren keine zufälligen Besuche, sondern fortgesetzte Forschungsreisen, regelrechte „Vereinigungen mit dem Dschungel": Traven tauchte ein in das Leben der Indios, lebte unter ihnen, mit ihnen, lernte ihre Sprachen und Dialekte und versuchte, ihre Welt so gut wie möglich zu verstehen. „Ich muss die Menschen kennen, von denen ich spreche (…) Ich muss die Dinge, Landschaften und Personen gesehen haben, ehe ich sie zum Leben in meinen Arbeiten erwecken kann. Darum muss ich reisen."

Und das tat er auf dem Rücken eines Maultiers, denn

wenn man das Land sehen will, ist es nirgends weniger angebracht als in Mexiko, mit der Bahn zu reisen. Das ist der Fehler aller Reisenden, die Mexiko besuchen. Sie fahren mit der Bahn nach Mexico City. Mexico City ist die Stadt, die von allen Städten im Lande am wenigsten mexikanisch ist.

Die Unmittelbarkeit der im Reisen gemachten Erfahrungen war die Grundlage seiner gesamten Arbeit: „Ich kann mir nichts aus dem Bleistift herauskauen." So sammelte er über die Jahre das Material für seinen sechsbändigen Caoba-Zyklus über die Unterdrückung der Indios, dessen berühmtester Band *Die Rebellion der Gehenkten* ist. Doch zurück zum Reisebericht aus dem *Land des Frühlings.*

Wieder betont Traven die Bedeutung, Informationen aus erster Hand zu sammeln:

Chiapas ist unter den dreißig Staaten der „Vereinigten Staaten von Mexiko" der Staat, der am weitesten nach Süden liegt. In mehrfacher Hinsicht stellt er ein verkleinertes Bild des ganzen Landes Mexiko dar. Hier findet man alle geographischen Eigenheiten Mexikos, alle verschiedenen Klimate Mexikos, alle verschiedenen Rassen Mexikos und auch alle verschiedenen Kultur- und Zivilisationsperioden des Landes vereinigt. Nirgendwo sonst in Mexiko lassen sich die vielen schwierigen Aufgaben, die das mexikanische Volk heute zu lösen sucht, so vortrefflich an der Quelle studieren wie hier in Chiapas.

Schon auf der ersten Seite nimmt der Autor eine Umwertung vor: Die Indios sind keine zurückgebliebenen Wilden, wie das landläufige Vorurteil es gern will, sondern die Nachfahren einer „hochentwickelten Kultur, die keinen Einfluss von Asien oder Europa aufweist und die völlig auf eigner Erde gewachsen war". Die Ruinen „untergegangener, verlassener oder vergessener uralter indianischer Städte" legen davon sichtbares Zeugnis ab.

Doch von dieser Geschichte weiß man in etwa so viel wie vom Verlauf der Grenzen zwischen Chiapas und Guatemala, die zwar „auf der Karte eingezeichnet wurden, die aber noch nie jemand gesehen und vermessen hat, weil sie in unerforschten Gebieten liegen".

Viele Indios folgten auch zur Zeit Travens, Jahrhunderte nach der spanischen Eroberung, Missionierung und Unterdrückung, „ihren eigenen uralten Sitten und Gebräuchen". Wollte er als Rat Marut einst die

Menschheit von Heuchelei und Lüge befreien, kommt er als Traven zu
der Ansicht, dass die Indianer eine höhere Moral besitzen, „weil sie ehrlicher ist und nicht von Heuchelei und Verlogenheit so durchsetzt ist wie
die unsrige". Und diese „nichteuropäisicrtcn" Indianer sind es auch, die
im Mittelpunkt von Travens Interesse stehen, nicht jene, die mehr oder
weniger in der mexikanischen Gesellschaft aufgegangen sind. Dabei
schlägt Traven einen Bogen zunächst zurück zur Zeit vor der mexikanischen Revolution:

> *Während der Regentschaft des Diktators Porfirio Díaz, 1876 bis*
> *1915, dessen Verdienste ungerechterweise so überaus hoch geschätzt*
> *worden sind, waren die Indianer Mexikos nicht viel besser dran als*
> *Sklaven. Ehrlich gesprochen: sie waren viel elender dran als Sklaven.*

Von dieser historischen Einschätzung ausgehend, erkundet Traven nun
die Lebensbedingungen der Indios, den Nachfahren von Maya und Azteken und vielen anderen Völkern und Stämmen, die er katalogartig
vorstellt, ihren spezifischen Regionen zuordnet, alles mit dem Hinweis,
dass einige Völker und ihre Sprachen längst ausgestorben seien, während andere in absehbarer Zeit aussterben werden. Hier ist Traven
ganz Ethnologe, der das ihm Fremdartige und Unbekannte nüchtern
aufzeichnet:

> *Die Tseltal-Indianer haben ein eigenartiges System, nach dem sie*
> *ihre Häuptlinge bestimmen; ein System, das sie in seiner Reinheit*
> *bis auf den heutigen Tag bewahrt haben (...). Häuptling allein*
> *kann nur der Angehörige des Volkes werden, der das allerniedrigste*
> *Amt, das die Kommune zu vergeben hat, ausführte, die allernied-*
> *rigste Arbeit, die zugunsten der Kommune verrichtet werden muss,*
> *geleistet hat; dann das nächsthöhere Amt verwaltete und so fort, bis*
> *nur noch ein Amt vor ihm steht, das des Häuptlings (...). Dann hat*
> *er ein Anrecht darauf, Häuptling zu werden, wenn das Amt frei wird.*

Seine Methode beschreibt Traven selbst sehr genau, er macht seine Ar-
beitsweise also im Text transparent und skizziert den geduldigen Prozess
der Sammlung von Informationen aus erster Hand – „an der Quelle studieren", hatte er es ja auch genannt:

> *Eines Tages besuchte ich eine Schule. Der Lehrer sagte mir, dass zu-*
> *fällig ein junger Indianer in der Stadt sei, der etwas Spanisch ver-*

stünde und der mir gewiss eine Reihe von indianischen Wörtern sagen könne. (...) Es war ein Jüngling von etwa siebzehn Jahren (...) und weil er eine solche Durchschnittsperson darstellte, war ich froh, ihn getroffen zu haben.

Mit vielen Zigaretten, vielen guten Worten, viel Lachen lockte ich ihn in den Schulraum. Hier, in Gegenwart des Lehrers, den er oberflächlich kannte, und in Gegenwart der Kinder, von denen er einige samt ihren Familien gut kannte, weil sie zu seiner Nation gehörten, gelang es mir, ihn zum Reden zu bringen. (...)

Es gehört viel Geduld dazu, einige bestimmte Wörter von einem solchen Mann zu erfahren. Sobald man auch nur ein wenig ungeduldig oder gar nervös wird, ist es aus für immer. Man muss immer lachen und freundlich sein, muss die ganze Angelegenheit wie einen Scherz betreiben. Vor allem darf man über nichts ärgerlich werden, auch wenn er wie ein Stock dastehen sollte, minutenlang einen anstarrend, oder wenn er anfängt, sich für irgendwelche anderen Dinge in seiner Nähe zu interessieren. Konzentration fällt primitiven Menschen sehr schwer, besonders wenn es sich um Dinge handelt, die ihrem Leben und ihrem Wesen fern liegen.

Bei aller geduldigen Zuwendung fällt doch auf, dass Traven der kategorischen Unterscheidung zwischen Primitiven und Nichtprimitiven nicht entgeht. Davon abgesehen, ist die Perspektive dieser Erforschung bestimmt durch den Vergleich zwischen der vor- und nachrevolutionären Wirklichkeit. Rund 15 Jahre nach Beginn der Revolution fördert der Staat Chiapas die Schulbildung der Indios in vielfacher Weise, wo früher die katholische Kirche, deren irdische, materielle Interessiertheit vom Anarchisten Traven an keiner Stelle geschont wird, gerade die Unwissenheit ihrer Schafe als beste Voraussetzung frommen Glaubens pflegte. Sekretäre informieren die Bevölkerung mittlerweile über angemessene Preise und Löhne, um neue Ausbeutung und Übervorteilung zu verhindern. Traven berichtet von Gesundheitsprogrammen gegen Kindersterblichkeit, Impfkampagnen und Landvermessungen in unzugänglichem Gelände, allesamt Maßnahmen zur konkreten Verbesserung der Lebensbedingungen der Ureinwohner.

Überhaupt ist das ganze Land in einem grundlegenden Umbau begriffen, ein Wandel, in dem die Indios wie exotische Relikte aus Urzeiten wirken:

Es gibt heute kein Land auf der Erde, das sich mit einer so rasenden Geschwindigkeit entwickelt wie Mexiko seit der Revolution. Die Intensität dieser Entwicklung ist bei weitem energischer als die Entwicklung in den US nach dem Bürgerkrieg. Was zur Zeit an Eisenbahnen, Brücken, Autostraßen, an Kanälen, Wasserwerken (...), an Kolonisierungen von Dschungelland und Ölland, an Entwässerung von Sümpfen und Regulierungen von Flüssen, an Ausbau von Häfen, an Bau von öffentlichen Gebäuden, gigantischen Geschäftshäusern und Hotels alles geschaffen wird, das lässt sich im einzelnen nicht beschreiben.

Inmitten dieser Emsigkeit (...) lebt der Indianer als Vertreter einer halbzivilisierten und zum Teil als der Vertreter einer ganz unzivilisierten Rasse, die noch mit Speer, Pfeil und Bogen auf die Jagd zieht.

Während um sie herum die Modernisierung immer engere Kreise zieht, das Leben der „modernen Menschen" einem vollen Kalender aus Arbeitszeit, Freizeit, Terminen, Wochenenden, Urlaub und christlichen Feiertagen gleicht, leben die Indios ihr ganz anderes Leben:

Die Tsotsil-Indianer wohnen weit verstreut über die ungefähr zweitausendfünfhundert Quadratkilometer ihres Wohnbezirkes. Aber einmal im Jahr trifft sich die ganze Nation an einem Orte. Dieser Gemeinschaftstag mit dem ganzen Volke ist der einzige Feiertag, den diese Indianer haben und den sie sich gönnen. Sonst verläuft der Tag genau wie jeder andere, weil sie Ruhebedürfnis nicht kennen. Ihre Nerven sind nicht übermüdet. Ausruhen würde sie ungeduldig machen. Sie benötigen keine andere Ruhe als den Schlaf.

Diese Ungleichzeitigkeit findet sich auch im bemerkenswerten Phänomen der Indianerkommunen, die erst nach der Revolution wieder in ihre alten Rechte gesetzt wurden, als den Indios ihr Land zurückgegeben wurde:

Diese Kommunewirtschaft der Indianer ist in keiner Weise vom modernen Kommunismus beeinflusst. Die Indianer haben, soweit sie nicht städtische Arbeiter sind, von Sozialismus, Kommunismus oder Bolschewismus noch nichts gehört. Diese Gemeindewirtschaft ist eine uralte Wirtschaftsform der Indianer, die von den weißen Eroberern vernichtet wurde. Alle Rebellion der Indianer in den letzten vierhundert Jahren, seit ihnen die Weißen ihr Land genommen hat-

ten, wurzelten immer in der Forderung: Wiederherstellung der Indianerkommune.

Bei der genaueren Beschreibung dieser Jahrtausende zurückreichenden Wirtschafts- und Lebensweise malt Traven aber keineswegs ein romantisches Bild, vielmehr warnt er seine Leser in Deutschland ausdrücklich vor jeder Form der Idealisierung der Kommune:

Vor einigen Jahren fand ich in einer kommunistischen Zeitung einen längeren Aufsatz über die Indianerkommune. Der Aufsatz hielt sich so nahe an die Tatsachen, wie das in einem Zeitungsaufsatze nur möglich sein kann. Alles, was darin über die Indianerkommune gesagt wurde, war richtig. Es war nichts darin irgendwie übertrieben, um kommunistischen Ideen oder kommunistischer Propaganda zu dienen. Aber wenn man den Aufsatz gelesen hatte, dann hatte man den Wunsch, Hab und Gut zu verkaufen und sich aufzumachen, hinunter nach Mexiko zu gehen und sich einer solchen Kommune anzuschließen. Ob es ein Arbeiter oder ein anderer Mensch getan hat, weiß ich nicht. Ich darf wohl sagen, dass ich den Arbeiter kenne. Aus dieser Kenntnis heraus warne ich jeden Arbeiter und den, der bis obenhin gefüllt ist mit kommunistischen Idealen, die Indianerkommune als ein Musterbeispiel für Kommunismus oder Sozialismus hinzustellen. Noch mehr aber warne ich davor, auszuwandern und in eine Indianerkommune einzuwandern mit der Hoffnung, hier seine kommunistischen Ideale verwirklicht zu sehen. Ich kenne eine gute Anzahl ehrlicher kommunistischer Arbeiter aus den US, die nach Russland gingen und enttäuscht heimkamen. Sie waren Kommunisten geblieben trotz aller Unvollkommenheiten, die sie gefunden und gesehen hatten. Aber sie konnten dort nicht leben, und sie konnten das Leben nicht ertragen. Ist aber für einen Arbeiter mit westeuropäischer oder nordamerikanischer Zivilisation der russische Kommunismus schon schwer zu ertragen, um wie viel mehr erst der Kommunismus bei den Indianern. Ein europäischer Arbeiter, der den Indianerkommunismus als Ideal hinstellen möchte oder der empfehlen würde, den Indianerkommunismus zu erstreben, könnte nur aus völliger Unkenntnis der Tatsachen so sprechen. Jedem Kommunisten, der dem Indianerkommunismus nachleben will, empfehle ich aufrichtig, lieber Lohnsklave innerhalb der kapitalistischen Zivilisation zu bleiben.

*In einer Indianerkommune zu leben und sich dort wohl und glück-
lich zu fühlen, setzt voraus, dass man als Indianer in einer solchen
Kommune geboren und aufgewachsen ist. Selbst dem indianischen
Industriearbeiter in Mexiko würde die Indianerkommune nicht
das an Lebensgütern geben, was er heute als Lohnarbeiter in einer
Stadt besitzt oder besitzen kann. Die Primitivität des Lebens in
einer Indianerkommune erscheint in einem recht idyllischen Licht,
wenn man davon hört. Muss man in dieser Primitivität aber leben,
so wird für einen zivilisierten Menschen das Leben so arm, so nüchtern, so trocken, so farblos, dass man es nicht für wert hält, dieses
Leben zu leben.*

*Die Arbeit, die der Indianer in seiner Kommune leistet und leisten
muss, um am Leben bleiben zu können und seine Familie durch-
zubringen, ist bei weitem schwerer als das Leben eines schwer arbei-
tenden Industriearbeiters. Alle die Bildungsmöglichkeiten, die Erho-
lungen und die Unterhaltungen, die sich heute ein Industriearbeiter
in vielen Fällen für wenig oder für gar kein Geld erlauben kann und
die sein Leben bereichern und verschönern, fallen in einer solchen
Kommune ganz fort. Sie sind auch gar nicht aufzubauen, weil keine
überschüssige Arbeitskraft vorhanden ist. Es gibt keinen Sonntag
und keinen Erholungstag. Der Indianer hat tätig zu sein von Sonnenaufgang bis Sonnenuntergang. Sein Leben erscheint nur äußer-
lich frei und unabhängig. Aber der Industriearbeiter ist bei weitem
freier. Der Indianer hat keinen Vorarbeiter über sich, der ihn an-
treibt. Und dennoch ist er ein Sklave, der Sklave seiner Arbeit, die
sein ganzes Leben hindurch auf ihm lastet und ihn nicht eine Stunde
freigibt. Die Primitivität seiner Werkzeuge und sein Konservativis-
mus, alles so zu machen, wie es seine Väter vor tausend Jahren taten,
machen seine Arbeit noch schwerer und ihn noch unfreier. Es ist nur
die unverwüstliche Robustheit seiner Natur, die bewundernswerte
Ausdauer seines Körpers, die ihm die innere Kraft geben, dieses Leben schön zu finden und in diesem Leben all die Glückseligkeit zu gewinnen, die er vom Leben erhofft.*

Die Schilderung liest sich nicht wie ein Lobpreis auf die Eingebunden-
heit in die Natur, wie ein naives „Zurück zur Natur", sondern betont
sehr deutlich die kulturellen Dispositionen und Unterschiede und be-
steht auf historisch gewachsenen Strukturen, die sich nicht einfach auf

andere Länder und Völker übertragen lassen. Angesichts dessen müssten „die Kommunisten einmal ernsthaft damit beginnen (…), ihre dogmatischen Lehren in die Kehrichttonne zu werfen". Mit dieser nüchternen Sicht auf die Dinge, auch auf die alten Religionen und den Arbeitsalltag der Indios, ist Traven Ende der 1920er Jahre schon weiter als die kommenden Revolutionsromantiker der 1960er Jahre, die mal auf Cuba, dann in Algerien oder China das große, nachzuahmende Vorbild gefunden haben wollten.

Historische Bezüge ganz anderer Art stellen sich ein, wenn Traven von der Geburt einer „neuen Rasse" in Mexiko spricht. Bei einer Gesamtbevölkerung von etwa 20 Millionen seien „jene Elf Millionen reine Indianer eine Grundmasse", die sich für die Geburt dieser neuen Rasse „vorteilhaft verwenden lässt". Hier spricht der Zeitgeist. Rassentheorien und eugenische Phantasien aller Schattierungen hatten vor und dann verstärkt nach dem Ersten Weltkrieg Hochkonjunktur, gerade auch in Deutschland. Erinnert sei nur an Houston Stewart Chamberlains, von Gobineau beeinflusstes Monumentalwerk über *Die Grundlagen des neunzehnten Jahrhunderts* von 1899, an die zahlreichen Bücher von Otto Hauser (darunter etwa *Rasse und Politik*) oder an Hans F. K. Günthers *Rassenkunde des deutschen Volkes* von 1922.

Der Rassen-Gedanke durchzieht Travens gesamtes Buch buchstäblich von der ersten bis zur letzten Seite und besitzt dabei eine bemerkenswerte Stoßrichtung: Es sei offen, ob es dieser „neuen Rasse" gelingen könne, „eine völlig neue Kultur zu schaffen und die europäische Kultur zu begraben". Hier sind vor allem Projektionen und Wünsche des Autors am Werk, der die europäische Kultur in all ihrer kolonialen Verkommenheit am Ende sieht. Indem die indianische Kultur als Totengräber der europäischen Kultur in Stellung gebracht wird, entsteht das Bild eines globalen Klassenkampfs der armen Völker, des indianischen Proletariats gegen ihre reichen Unterdrücker im Norden, ein Kampf, der aber letztlich nicht sozioökonomisch, sondern rassisch grundiert ist.

In der Tat stand und steht Mexiko vor der Aufgabe, „zweihundertsiebzig verschiedene Völker mit verschiedenen Sprachen, Sitten, und Lebensverhältnissen zu einem Volke zu vereinigen". Doch dass im Prozess dieser komplexen gesellschaftlichen Modernisierung und Umstrukturierung eine „neue Rasse" geboren werden wird, erweist sich schnell als recht fragwürdiges Konstrukt. Aber Traven sieht hier einen ewigen weltgeschichtlichen Prozess am Werk:

Die Indianer haben sich vierhundert Jahre lang in einem Schlaf befunden, nicht nur politisch und wirtschaftlich, sondern auch als Rasse. Die Rebellionen, die sie unternahmen, waren nur wie die Bewegungen eines Schlafenden. In diesen vierhundert Jahren hat die Rasse genügend Zeit gehabt, eine Ruhe zu genießen, die die europäische Rasse bitter nötig hat, wenn sie nicht ausgelöscht werden soll.

Es befremdet zunächst, dass Traven die Unterdrückung seit der Conquista als Schlaf interpretiert, den die Indios „als Rasse" hatten genießen dürfen. Diese vierhundert Jahre boten den Ureinwohnern doch zweifellos wenig Genuss. Aber darin steckt eine Vorstellung der Weltgeschichte als Auf und Ab einer „Rassengeschichte": Die starken Rassen begründen zunächst Weltreiche, doch sobald sie rassisch erschöpft sind, droht ihre Auslöschung. So wie das Reich der Maya zerfallen musste, erwartet Europa die rassische Erschöpfung oder anders: Angesichts des erwachenden Riesen, der seine Nachfolge antreten will, ist der rassische Untergang des Abendlands eine ausgemachte Sache, in einem Kreislauf aus Erschöpfung und Erholung.

In Chiapas waren zur Zeit, als die Spanier kamen, nur noch Überreste einer großen Kultur vorhanden. Die prachtvollen Städte waren schon zerfallen. Aber die Indianer wehrten sich gegen die Eindringlinge auch in Chiapas mit aller Kraft. (…) Als die Indianer in Chiapas erkannten, dass alles verloren sei, sammelten sie ihre Frauen und Kinder auf einem hohen Felsen, ihrem letzten Haltepunkt, in der Gegend von Chiapa de Corzo. Als die Spanier sie auch hier eingeschlossen hatten und zur Übergabe aufforderten, warfen sie ihre Frauen und Kinder von den Felsen hinab in den Fluss, und nachdem sie das getan hatten, stürzten sie sich ihren Lieben nach. Es war der letzte große Akt einer Rasse, die müde geworden war. Was in den andern Teilen des Landes noch am Leben war, ging zur Ruhe, um neue Kräfte zu sammeln.
Heute haben die Indianer ausgeschlafen, und sie stehen bereit, abermals eine Rolle in der Geschichte der Menschheit zu spielen. Sie tragen alle Merkmale, die eine Rasse haben muss, die vor einer neuen Aufgabe steht.

In den Indios besitzt Mexiko „eine starke, unverwüstliche, urkräftige Rasse, mit hoher, jedoch unentwickelter Intelligenz", mit denen sich zu kreuzen die weltgeschichtliche Ablösung Europas, die „Rebellion einer nichteuropäischen Rasse gegen die europäische; genauer: (...) die Rebellion der erwachenden indianischen Kultur gegen die europäische Zivilisation" möglich scheint. Das wird allerdings etwas dauern:

> *Die Nachkommen eines Weißen und einer reinblütigen Indianerin sind in der ersten Generation ziemlich minderwertig, soweit man soziologische Erwägungen in Betracht zieht. Es treten meist die Untugenden beider Rassen sehr stark in den Vordergrund. Mit jeder weiteren Generation aber wird die Rasse besser.*

Es sei dahingestellt, wie man sich eine schlafende Rasse vorzustellen hat. Über all dem kann man sich nur wundern, wie sehr der hellwache anarchistische Kämpfer für die Freiheit und gegen die Autoritäten, wie sich der genaue Beobachter Traven von den jenseits des Atlantiks kursierenden Rassentheorien hat beeinflussen lassen und sich in diesen schiefen, biologistischen Konstrukten verirrte. Allerdings beeinträchtigen diese Annahmen durchaus nicht die umfassenden Darstellungen zur Musik oder Medizin, zur Landwirtschaft oder zu den Feiern und Festtagen der Indios. In diesem reichhaltigen Material, nicht in den Meditationen über die Rasse, liegen die eigentlichen Stärken des Reiseberichts.

An anderer Stelle betont Traven den unwiederbringlichen Gedächtnisverlust, der mit dem barbarischen Treiben der Eroberer einherging und die Indianer ihrer Geschichte beraubt hat:

> *Es wären vielleicht auch noch frühere und andere Wanderungen indianischer Völker, besonders der Maya, der Tolteken und der Peruaner, bekannt, wenn nicht alle Bibliotheken und Archive der alten Indianer von den Heidenbekehrern vernichtet worden wären. Die Vernichtung der indianischen Bibliotheken durch fanatische Mönche und Bischöfe reiht sich würdig an die Verbrennung der Bibliothek von Alexandria in den ersten Jahrhunderten der christlichen Zeitrechnung und die der großen arabischen Bibliothek in Granada am Anfang des sechzehnten Jahrhunderts. (...)*
> *Die große Bibliothek der hochzivilisierten Maya-Indianer in Yucatan wurde von dem spanischen Mönch Landa verbrannt. Er berichtet, dass die Bücher alle Gebiete der Wissenschaft umfassten, wie Medizin, Astronomie, Chronologie, Geologie und Theologie. Ferner fand er die gesamte Geschichte der Mayas und der Völker, mit de-*

nen die Mayas in Verbindung gestanden hatten, zurückreichend auf mehr als zweitausend Jahre. Er muss bekennen, dass die Sprache der Maya-Indianer so hoch entwickelt war, dass die feinsten Nuancen menschlicher Gedanken mit ihrer Hilfe klar und verständlich ausgedrückt werden konnten.

Juan de Zumarraga, der erste Bischof von Mexiko, ließ die ganze Bibliothek von Tezkuken, der hochzivilisierten Blutsverwandten der Azteken, auf dem Marktplatz in Tlaltelolco aufhäufen und verbrennen. Er berichtet, dass der Scheiterhaufen ein sehr hoher Berg von Manuskripten und Zeichnungen gewesen sei. Unter diesen Manuskripten befanden sich alle Dichtungen des tezkukischen Königs Netzahualcoyotl, eines großen Dichters, der im 15. Jahrhundert gelebt hatte.

In zwei kleinen indianischen Dörfern habe ich einige alte Indianer getroffen, die Dutzende von Zeilen in aztekischer Sprache rezitieren konnten aus Dichtungen, von denen sie behaupteten, es seien Werke ihres alten Dichterkönigs.

Auf beeindruckende Weise hat Traven hier die Auslöschung der Erinnerung dokumentiert und mit dem poetischen Widerstand gegen das Vergessen verbunden, wie sie die mündliche Überlieferung der Indios ermöglicht hat. Jenseits von allen Rassendiskursen gelingt es ihm in seinem Bericht, den Indios ein Stück ihrer Geschichte zurückzugeben. Er wird ihnen noch viel mehr ihrer Geschichte zurückgeben: Dem *Land des Frühlings* kommt eine Schlüsselstellung in seinem Werk zu, weil die Reise den Auftakt einer intensiven Beschäftigung mit der Geschichte der Indios in Chiapas zu Beginn des 20. Jahrhunderts darstellte. Mit der nachfolgenden Romanserie (*Der Karren, Regierung, Der Marsch ins Reich der Caoba, Trozas, Die Rebellion der Gehenkten* und *Ein General kommt aus dem Dschungel*), die zwischen 1931 und 1939/40 erschien, wurde Traven der Geschichtsschreiber der Indios. Er dokumentierte jenen dramatischen und grausamen Prozess der Umbruchjahre zwischen 1910 und 1920, in denen die Indios – als billige Arbeitssklaven entrechtet und jeder Willkür ausgeliefert – gegen die Unmenschlichkeit ihrer Situation rebellierten.

Die nachrevolutionäre Entwicklung wird bei Traven insgesamt positiv bewertet. Die Probleme Mexikos, vor denen er die Augen keineswegs verschließt, erscheinen in ihrer gesellschaftlichen Entwicklung, in ihrem Kontext und können so genauer eingeordnet und bewertet werden.

Tausende von Peones [ehemals nicht freie Landarbeiter], nicht nur in Chiapas, sondern in ganz Mexiko, führen heute ein Leben, das hungriger und elender ist als vor der Revolution. Aber ihre Zahl wird mit jedem Tag geringer. Als Ganzes ist die proletarische Klasse heute wirtschaftlich und menschlich zehnfach bessergestellt, wenn nicht hundertfach besser als vor der Revolution. Was selbst den hungrigsten mexikanischen Peon (…) über den Peon der Vorrevolutionszeit erhebt, ist die Tatsache, dass er heute eine Zukunft als freier Mensch hat, dem alle Schätze und Schönheiten der Welt, jede Wissenschaft erreichbar geworden sind. Vor der Revolution war er nichts anderes als ein Zugtier, das keiner Artikulation fähig war, das keine Individualität besaß. Heute ist der Peon ein Mensch geworden.

So wirkt in der Zeit von Travens Reise die Politik Porfirio Díaz' weiter nach, der „das Land verschachert" hatte und die Rohstoffe einfach aus dem Land „herausschleppen" ließ. Die Ausbeutung des Landes durch die US-Konzerne wurde durch die Revolution keineswegs beendet, allerdings hatte die Regierung mittlerweile damit begonnen, die Legitimität der Ansprüche in Frage zu stellen – eine Entwicklung, die schließlich Ende der 1930er Jahre zur Verstaatlichung der Öl-Industrie führte. Die Perspektive, die Traven von seinen Erfahrungen und Erkenntnissen her entwickelt, ist voller Hoffnung auf eine wachsende eigenständige Entwicklung Mexikos, um das vorhandene Potenzial des Landes auch wirklich nutzen zu können, wobei gerade die Indios ausgestattet seien „mit einem unerhörten Reichtum völlig origineller unverbrauchter Ideen und Gedanken".

Die Wirklichkeit hat sich aber nicht an Travens Optimismus orientiert. Die wirtschaftliche Abhängigkeit hat zeitweise eher zu- als abgenommen und die Kämpfe der Zapatisten belegen, dass die indigene Bevölkerung in Chiapas im nachrevolutionären Mexiko ständig mit Repressalien und Ausgrenzung zu kämpfen hatte und bis heute hat.

Traven starb 1969. Seine Asche wurde von einem Flugzeug aus über Chiapas verstreut, im Dschungelgebiet bei San Cristóbal de las Casas, im Land des Frühlings, „wo man alle Dinge und alle Weisheit der Welt ergründen kann". So kehrte B. Traven schließlich für immer zum Schauplatz seiner großen Reise zurück.

IV. Reisen in der globalisierten Welt

Der lyrische Reporter –
Hubert Fichtes Reisen an die Ränder

B. Travens jahrzehntelanges Exil in Mexiko war nicht zuletzt eine Flucht gewesen vor der politischen Situation in München und Deutschland, eine Loslösung aus der kaputten europäischen Zivilisation, die gerade einen Weltkrieg hinter sich gebracht hatte und auf einen zweiten zusteuerte. Mexiko – das Land verhieß Aufbruch, revolutionäre Geschichte und eine so ganz andere, fremdartige Welt, die Welt der Indios in Chiapas, eine erst noch zu entdeckende Ur-Welt.

Rund 50 Jahre später stellte sich auch Hubert Fichte die Frage, ob nicht „alle unsere Reisen Fluchten" seien. Er drehte der europäischen Kultur und Zivilisation ebenfalls entschieden den Rücken zu und wandte sich voller Sehnsucht nach Lateinamerika – nicht nach Mexiko, wohl aber nach Brasilien. Was für Traven Ende der 1920er Jahre die indigenen Gemeinden in Chiapas waren, das war für Fichte die Kultur der afroamerikanischen Religionen: Sie bedeutete nahe Fremde, Wahlverwandtschaft, Fluchtpunkt und nicht zuletzt Hoffnung.

Aber warum hatte Fichte überhaupt fliehen müssen? Während bei Traven die Dinge auf der Hand lagen – drohende Erschießung –, hätte Fichte sich nicht aus Hamburg herausbewegen müssen. Die Motivlage für seine Fluchten ist komplexer.

Bruce Chatwin floh vor seiner Homosexualität oder davor, diese Homosexualität verstecken zu müssen (darüber wird noch zu sprechen sein), aber davon kann bei Fichte keine Rede sein. Er hat wie wenige andere früh und gern betont, wie schwul er war. Um an Fichtes Fluchtmotiv heranzukommen, muss noch tiefer gegraben werden. Dies hat er freilich selbst sein Leben lang geleistet.

Fichte war ein von früh auf traumatisiertes Kind. Es war seiner Mutter gelungen, ihren Sohn – der nach nationalsozialistischem Verständnis „Halbjude" war – in einem katholischen Kinderheim in Bayern unterzubringen. Damit hatte sie ihn aus Hamburg herausbekommen und drohender Verfolgung entzogen. Diese Rettung musste Fichte aber schließlich mit dem Trauma bezahlen, seine Mutter habe ihn einfach abgeschoben, abgegeben, weggegeben. So tief saß das Gefühl des Verlusts, dass Fichte noch kurz vor seinem Tod darauf zu sprechen kam, als er an den „Waisenhauszögling von acht" zurückdachte.

In der fremden Welt, in der das Kind gelandet war, verstand es nahezu nichts. Was man kindliches Urvertrauen nennen kann, löste sich hier auf. Wieder zurück in Hamburg, erlebte Fichte sogleich eine weitere Katastrophe, um jeden Glauben an die Menschheit zu verlieren, den britischen Bombenangriff, der die Stadt 1943 im Feuersturm in Schutt und Asche legte.

Diese frühen Erfahrungen von Ausgrenzung, Abschiebung, Tod und Vernichtung, von verkohlten und verstümmelten Körpern, bilden den Hintergrund für Fichtes Fluchten – vor der unsagbaren Angst, vor der Mutter, vor dem Alleinsein, vor dem Nichts. „Möglicherweise sind ja alle unsere Reisen Fluchten."

Solche Dispositionen haben Fichtes Verstand geschärft und seine ganze Aufmerksamkeit auf das gelenkt, was am Rand der Gesellschaft vor sich ging, mit den „Halbjuden", den „Zigeunern", den „Negern", den „Schwulen", all jenen, die irgendwie nicht dazugehörten, denn zu denen gehörte schließlich Fichte. Mit der Entdeckung seiner Homosexualität war er einmal mehr darauf verwiesen, sich als nicht zugehörig, als jenseits der üblichen Norm zu begreifen. Aber Fichte verwandelte die ewige Defensive der potenziellen Opfer in eine radikale und unverstellte Offensive. Denn wenn „die Gesellschaft" sich das Recht herausnahm, ihn permanent in Frage zu stellen, ja sogar seine Existenzberechtigung in Zweifel zu ziehen, dann konnte er mit eben solchem Recht diese, ihrer selbst so gewisse Gesellschaft bis auf den Grund befragen und in Frage stellen. Genau das tat er. Und deshalb reiste er.

Als man Fichte auf den Gedanken brachte, mit ein paar Reiseberichten nebenbei ein bisschen Geld zu verdienen, hatte er seine autobiographischen Schocks bereits in den Romanen *Das Waisenhaus* und *Die Palette* verarbeitet, *Detlevs Imitationen „Grünspan"* und der *Versuch über die Pubertät* sollten noch folgen. In diesen vier zusammengehörigen Texten, mit denen er bekannt wurde, drehte sich alles um seine Kindheit und Jugend, um Hamburg und den Krieg. Auf den Reisen, stets fotografiert von seiner Lebensgefährtin Leonore Mau, weitete sich sein Blickwinkel aus, wobei er aber konsequent seinen eigenen Fragestellungen, seinen eigenen Erkenntnisinteressen folgte, die sehr wenig bis überhaupt nichts mit den touristischen Vorstellungen des Reisens zu tun hatten, wie man sie von *Merian* oder *DuMont* kennt.

Schon die Titel seiner Artikel und Rundfunkarbeiten sagen alles: Seine Reise nach Athen definierte Fichte als *Ergänzungen zu einem Reiseführer*. Das war 1966 und der Anfang einer ganzen Reihe von Reisen an die Ränder. Im Jahr darauf machte Fichte mit den *Bidonvilles* den *Versuch, eine Landkarte Frankreichs zu ergänzen*. Es zog ihn weiter nach Portugal, nach Caparica, das damals noch ein kleines Fischerdorf war. In diese Zeit fallen auch Fichtes Interviews mit den Strichern auf St. Pauli, da hatte er den gesellschaftlichen Rand gleich vor der Haustür.

Alle genannten Orte waren Peripherie schlechthin (und sind es vielfach noch immer). Geographisch gesehen bilden Griechenland und Portugal die äußersten Punkte Westeuropas und diese Randlage korrespondierte damals mit ihrer Rolle als klassische, agrarisch geprägte Armenhäuser, die bis heute nachklingt. Die Bidonvilles, „Siedlungen aus Wellblech, Karosserien, Pappe und Türen", lagen nicht nahe der Champs-Élysées, natürlich nicht. Die wildwuchernden Siedlungen fanden sich an den Pariser Stadträndern und lassen sich vielleicht am ehesten mit den heutigen *Banlieues* vergleichen. Und St. Pauli – die Reeperbahn mit ihren Clubs und Bordellen liegt zwar unweit des Hamburger Zentrums, bildet aber doch seit jeher einen klar abgezirkelten Bereich jenseits der City.

Die jeweilige Randlage – einzelner Länder oder kleinerer Regionen – meint immer auch das Soziale und Kulturelle: Der Rand ist in diesem Sinn immer Randständigkeit, Marginalität. Das Abgesonderte ist das Ausgesonderte, das gesellschaftlich Abgedrängte. Indem Fichte diese Randbereiche in den Vordergrund seiner Erforschungen rückte, unterwanderte und zerstörte er die traditionellen Blickwinkel, eröffneten seine *Ergänzungen* die Möglichkeit, im Spiegel des an den Rand Gedrückten das Zentrum anders zu sehen.

Auf diese Weise erstellte Fichte eine alternative Landkarte von marginalen Wirklichkeiten, die sonst nicht ins Blickfeld geraten, über die sonst nicht berichtet worden, die unsichtbar und stumm geblieben wären.

Wenn Fichte betonte, dass die „Bidonvilles nicht auf der Landkarte eingezeichnet" waren, stellte er damit auch fest, dass viele Tausend Menschen, die dort wohnen und die es ja gab, nicht existent waren. Im Reiseführer tauchten sie nicht auf. Deshalb ging Fichte dorthin und unterhielt sich mit den Menschen, notierte ihre Geschichten. Über diesen so entstehenden Blick „von unten" schrieb Lenin 1919 an Maxim Gorki:

„Will man *beobachten*, so muss man unten beobachten, wo man *über-blicken* kann, wie am Aufbau des neuen Lebens gearbeitet wird, in einer Arbeitersiedlung der Provinz oder auf dem Lande." Auch wenn Fichte den Rat Lenins sicher nicht nötig hatte, folgte er ihm doch in dieser Perspektive.

Damit war Fichte Ende der 1960er Jahre zu einem „lyrischen Reporter" geworden, wie er selbst schrieb, zu einem Reporter des Alltags am Rand, wo er subjektiv, aber nüchtern beschrieb, was er sah, verschiedene Materialien sammelte und zusammenstellte, statistische Angaben ebenso nutzte wie selbst geführte Interviews, Originaltöne, die vorher nicht aufgezeichnet worden waren. Auf der Reeperbahn sammelte Fichte den Bewusstseinsschrott der Marginalisierten auf, denen er damit nicht nur eine Stimme gab, sondern auch „ein Gesicht, ein Leben zuerkannte". So entwickelte er in dieser Zeit seine typische Collage-Technik, um das Auseinanderfallende, Widersprüchliche, die Fragmente und Fetzen einer sich auflösenden Wirklichkeit aufzufangen und miteinander in Beziehung zu setzen.

Und Athen? Einstmals Synonym für den Beginn und gleichzeitig für die Krönung der Philosophiegeschichte, verfiel das Land und steuerte auf eine Militärdiktatur zu, während die Strichjungen an der *American Express*-Filiale auf Kunden warteten. Wie in Frankreich erlebte Fichte hier Arbeitslosigkeit, Armut, Korruption. Und der „sonnige Badeort" Caparica erwies sich nicht nur als verlockend schön, sondern auch als Urlaubsresidenz der „Gespenster" der portugiesischen Diktatur, die das Land in Spitzelwesen und Bürokratie ersticken ließ und als Abgesang auf frühere Größe noch Kolonialkriege führte, während man mit deutschen Unternehmen gute Geschäfte machen konnte.

Nachdem er den Verfall der Alten Welt beschrieben hatte, machte sich Fichte auf in die Neue Welt. 1969 entdeckte er Brasilien für sich. 1971/72 war er wieder da. 1981/82 folgte die dritte und letzte Brasilien-Reise.

Dass ihn seine Fluchten hierher führten, war alles andere als ein Zufall. In der afroamerikanischen Welt fand Fichte genau das Gegenteil dessen, was er an der europäischen Kultur mit ihren autoritären Hierarchien und Unterscheidungen so verabscheute. In Brasilien und in den afrobrasilianischen Religionen herrschte nicht der weiße, heterosexuelle Mann, hier entdeckte Fichte eine freiere Welt, in der sich alles und alle miteinander vermischt hatten, das Land war ein buntes Gemisch an „Völkern", „Rassen", „Ethnien". Hier waren die Menschen nicht auf eine Lebensweise oder eine Geschlechterrolle festgelegt, hatten sich die uralten afrikanischen Religionen mit dem Katholizismus verschmolzen und eine ganz eigene Kultur hervorgebracht, „eine widerspenstige Kultur, auf die ich zu sprechen komme, keine Siege, keine Reinheit, kein Spezialistentum – sondern Vermischen und Allesumfassen".

Dieses „Allesumfassen" präsentierte sich Fichte nach außen hin etwa in Form von blutverkrusteten Töpfen, Götterfiguren in Schränken, Amuletten, speziellen Getränken, Orakelzeichen und Hühnerfedern, urtümlichen Symbolen, die auf die Totenwelt und die Ahnenreihen verwiesen, als ein buntes und schwer entzifferbares Zeichensystem, in dem afrikanische Götter neben katholischen Heiligen standen, das einbezogen war in den Alltag, ihm eine magische, religiöse Dimension verlieh und damit nichts mit jener „ganz säkularisierten Welt" zu tun hatte, aus der er gekommen war.

In diesem Synkretismus, der aus europäischer Sicht eher nach einer Kultur des Abfalls und des Elends klang, konnte Fichte nicht nur seinen sexuellen Neigungen nachgehen, die ihm wie zeitgleich Bruce Chatwin zum Verhängnis werden sollten, sondern auch ein neues „Lebensmodell" (Ronald Kay) entdecken, eine neue Vorstellung vom Menschen.

Daher wurde diese Welt zu seinem Lebensthema. Fichte hatte einen fremdartigen Kontinent am armen Rand der Weltgeschichte betreten, der all das verkörperte, was man in Europa an den Rand gedrückt oder schlicht unterdrückt hatte – womit er sich sogleich identifizieren konnte. Eine Welt, die außerdem noch eine Vorgeschichte und eine Nachgeschichte besaß. Deshalb erkundete Fichte nicht nur Brasilien und die anderen Länder Südamerikas, wo die afrikanischen Bilder und Riten weiterlebten, sondern reiste dorthin, wo alles seinen Ursprung und Ausgangspunkt genommen hatte, nach Afrika, wo die Sklaven verschifft worden waren. Und er reiste konsequent weiter nach New York, in die „schwarze Stadt", wo ebenfalls Nachfahren der Sklaven lebten und wiederum eine eigene Kulturgeschichte geschrieben hatten. Fichte folgte also den Spuren der Kolonialgeschichte und des Widerstands, der erzwungenen Reise der afrikanischen bzw. afroamerikanischen Religionen und Kulturen im atlantischen Dreieck zwischen Afrika, Süd- und Nordamerika.

Seit dem ersten Besuch in Rio de Janeiro 1969 ist Fichtes Werk, vor allem sein *opus magnum*, die erst nach seinem Tod herausgegebene *Ge-*

schichte der Empfindlichkeit mit ihren zahlreichen Glossen und Romanen, von diesem komplexen Zusammenhang geprägt. In *Die Schwarze Stadt* hat Fichte eine kurze Definition dessen gegeben, was er unter „Afro-amerika" versteht:

> *Afroamerika:*
> *Die Hungernden im Nordosten Brasiliens, die Epidemien auf Haiti, die Arbeitslosen von Trinidad, die Junkies von Bronx – ist es nicht zynisch von Kultur zu reden?*
> *Nein.*
> *Es wäre zynisch, nicht von Kultur zu reden.*
> *Denn was ist das für eine Menschlichkeit, die den Massen der dritten Welt nichts anderes zubilligt als Fabrikanlagen, Milchpulver, Dolmetscherkurse und abgelegte Freizeitkleidung – wenn wir die Grazie der Afroamerikaner verleugnen, ihre Eleganz, ihre barocken Sprachen, die Wirksamkeit ihrer Therapien und die Gewalt ihrer Religion?*
> *Erst kommt das Fressen, dann kommt die Moral, bemerkte ein spätbürgerlicher Dramatiker, der im Krieg für Hollywood ein Drehbuch verfasste; die Afroamerikaner geben uns eine diffizilere Lektion – dass ihre Strukturen fähig sind, die Gierigkeit des Kapitalismus zu durchdringen und zu überwinden.*

Hier wird die afroamerikanische Kultur in unmittelbaren Gegensatz zur westlichen Lebensweise gestellt. Fichte spricht ihr sogar die Fähigkeit zu, diese „Alte Welt", deren Verfall er bereits beschrieben hat, zu überwinden. Fünfzig Jahre vorher hatte Traven ebenfalls davon gesprochen, dass die Verlierer der Geschichte endlich erwachen würden und die in Mexiko neu entstehende „Rasse" die europäische und US-amerikanische Zivilisation samt zerstörerischem Kapitalismus ablösen könnte. Doch was Traven in eine ominöse Rassentheorie kleidete, nimmt bei Fichte die Form einer neuen Anthropologie an.

Diese neue Lehre vom Menschen ist ein Gegenentwurf zum, wie Fichte meint, statischen westlichen Menschenbild, von dem es sich zu befreien gilt, weil es für die „Verkrüppelungen der Welt" verantwortlich ist und wesentliche Aspekte des Menschen unterdrücke, den Menschen auf eine einmal gefundene Identität festlege und verkürze. Den afrobrasilianischen Religionen, so verstand er es, liege stattdessen ein dynamisches Menschenbild zugrunde, das den Menschen als vielgestaltiges, sich veränderndes Wesen begreift. Daraus leitete er eine radikale Kultur-kritik ab.

Nach 2500 Jahren menschlicher Wissenschaft und Wissenschaft vom Menschen haben sich die Verhaltensweisen nicht geadelt.
Sind wir duldsamer geworden?
Achten wir die Lebensformen anderer Völker?
Genügsamer?
Beuten wir den technologisch Unterlegenen weniger aus?
Sprechen wir nur mehr Dialekte?
Lernen wir von den Erkenntnissen der Indianer, der Afrikaner, der Araber?
Von ihren Ernährungsweisen? Ihrer Architektur? Ihrem Städtebau? Ihrem Gesundheitswesen?
Verachtung, Sklaverei, Hunger, Hässlichkeit, Zerstörungslust sind seit den Vorsokratikern nicht weniger geworden – nur dass unsere Zivilisation jeden in die Vernichtung mit hineinzieht und nicht nur die Menschen, sondern die Welt auch, Tiere, Pflanzen, Wasser und Luft.

Wie schon Hemingway und Traven zuvor formulierte Fichte aus seinen Erfahrungen in der Fremde eine grundlegende Infragestellung der westlichen Zivilisation und ihrer funktionalen Rationalität, die er den Werten und Denkweisen vor allem der Afroamerikaner gegenüberstellte. Bei aller Faszination für die afroamerikanische Welt notierte er aber auch in Brasilien die politischen und sozialen Verwerfungen, die alles andere als einladend waren und die er in ein eindrückliches Bild bannte: „Die Menschen schlagen sich mit den Aasgeiern um die kre-pierten Rinder." Doch unter all der Not und all dem Müll fand Fichte auch die Größe und Würde dieser Kultur, etwa jene reiche Bilderwelt des Candomblé, die eine Ausdrucksform einer ganz eigenen Lebens-weise darstellt:

Im Candomblé haben sich seit etwa 150 Jahren unter dem Mäntel-chen einer wie tief immer gehenden Christianisierung Riten aus Dahome, Nigeria, Angola etc. oft reiner erhalten als in Afrika selbst. Ähnlich in Kuba, in Haiti unter dem Namen Wudu, in Guyana. Es gehört zu den verdeckten Anzeichen des westlichen Hochmuts, dass die afroamerikanische Religionsgruppe nie als das bewusst gemacht wurde, was sie bedeutet: eine der größten religiösen Bewegungen aller Zeiten.

Und Fichte sollte die nächsten 15 Jahre dem Studium dieser Welt widmen, er näherte sich den Menschen und ihren Riten mit großem Respekt, ohne nachklingende koloniale Gebärde. Er sprach von „der großen Schönheit der Feste, des Swinging der Musiken, der wahren Popkultur der Mischaltäre und der happeningartigen Manifestationen", er erforschte schwer verständliche Riten und rituelle Getränke, wurde auch dort eingelassen, wo zuvor kein weißer Europäer hatte zusehen dürfen. Dabei definierte er das Verhältnis von europäischer, afrikanischer und afroamerikanischer Kultur wie folgt:

Afroamerikanische Kultur ist eine synkopische, eine schräge Spiegelung der Künste Afrikas und Europas.

Es ist eine Kultur, die nicht missionarisch recht behalten will über andre, die nicht wirtschaftliche Imperien vorbereiten hilft und solcher Imperien nicht bedarf, um sich auszuprägen.

So war es nur eine logische Konsequenz, als sich Fichtes Interesse der noch viel unbekannteren Welt Afrikas zuwandte. Parallel zu seinen Aufenthalten in Brasilien war er 1973 in Tansania, 1974 im Senegal, 1975 in Dahomey, 1978 in Togo, 1984/85 wieder im Senegal und in Dahomey, das mittlerweile Benin hieß. Den Verästelungen der afroamerikanischen Kultur ging er vor allem zwischen 1976 und 1978 in New York und Miami nach.

Von all diesen Reisen ist eine besonders bemerkenswert. Sie scheint auf den ersten Blick fast absurd zu sein, macht aber die Dimension der afrobrasilianischen Kultur wie auch die Haltung des Schriftstellers und Forschers Fichte deutlich. Während seiner Studien hatte er sich intensiv mit einem Vodun-Tempel, der Casa das Minas in São Luís do Maranhão beschäftigt, den dortigen Riten ein ganzes Buch gewidmet und die traditionellen Lieder auf Tonband aufgenommen. Aber er hatte einen Tempel gefunden, dessen Geist bereits verblasste und die Vermittlung des Kultes war gefährdet. Die Priesterinnen waren unsicher, ob sie eventuell über die Jahrhunderte vom ursprünglichen Ritus, der aus Afrika hierher gewandert war, abwichen. Nicht zuletzt aufgrund seiner sensiblen Erforschung und daraus gewachsenen persönlichen Verbundenheit waren die Priesterinnen schließlich mit einer Bitte an Fichte herangetreten, die er in dem Band *Psyche* aufgezeichnet hat:

Eine andere Empfindlichkeit...
Hubert Fichte 1970 in Tarhjijt, Marokko

Es ist ein Wahnsinn, wenn man sich als Bundesbürger von einem Tempel am Amazonas nach Afrika schicken lässt, nach Benin, an den Königshof von Abomey, um den vergessenen Ritus der Königin Agotime und ihres Gottes Zomadonu zu suchen.
Agotime war als Mädchen von König Agonglo aus den Mahibergen geraubt worden und an den Hof von Abomey verschleppt.
Adanzan verkaufte seine Mutter Agotime als Sklavin nach Brasilien, wo sie – in São Luís de Maranhão – einen Tempel für Zomadonu gründete.
Heute verfallen die Riten.
Die greisen Priesterinnen am Amazonas haben mich zu ihrem Sohn erklärt und mit einer Kette und einem Empfehlungsschreiben an den Hof von Abomey ausgerüstet, um den Tod des Tempels aufzuhalten.

Diese Bitte konnte Fichte nicht abschlagen. Im Dezember 1984 machte er sich auf den Weg nach Afrika und wurde vom König von Abomey empfangen.

Das ist die Audienz beim König von Abomey.

(...)

Langanfin, ein weltlicher König, mit vielen Frauen und sechzig Kindern und unzähligen Enkeln nimmt meine Geschenke entgegen.

Sein Gesicht ist weich.

Nicht versteint, wie das der Frauen, die den Schirm halten.

(...)

Ich entblöße meinen Hals und zeige die Kette vor, die mich als Boten des Tempels am Amazonas ausweist.

Der Hofstaat beugt sich über die Kette.

Sie identifizieren die königlichen Perlen.

Ich übergebe den Brief der greisen Priesterinnen von São Luís de Maranhão, der Verwandten der Königin Mutter Agotime.

König Langanfin lässt Fanta für uns kommen, Johnny Walker, Gordon's, Pepsi.

Die Frauen nahen sich ihm auf den Knien.

Die Enkelkinder kommen aus der Schule.

Sie knien sich vor ihm an der Tür hin und plustern sich mit beiden Händen den feinen Sand des Hofes ins Gesicht.

Langanfins Smalltalk.

Er lässt sich sein Schreibzeug bringen und schreibt in der klaren mädchenhaften Schrift eines französischen Oberschülers seinen Gruß an die Casa das Minas.

Er lädt die Priesterinnen aus Brasilien, seine Verwandten, ein, zurück, vom Amazonas her an den Hof von Abomey mitten in Afrika.

Evengelista heißt die Botschaft.

In der Bibel und bei Homer.

Ich bin der Bote (...).

Meine Aufgabe ist erfüllt.

Sie ist zur Hälfte erfüllt.

Ich bin der doppelte Bote; nun muss ich den Brief des Königs mit seinen Amazonen zu den hohen schwarzen Greisinnen an den Amazonas zurückbringen.

Diese Botschaft hat Fichte leider nicht mehr überbracht, denn er starb schon bald nach der Reise 1986. Dass er sich aber in diesem Moment selbst als „doppelten Boten" bezeichnete, mag das beste Bild sein, um seine Arbeit, seine Forschungen, seine Literatur verständlich zu machen. „In Rio fing es an", dort hatte die unendliche Reise begonnen und ihn weiter nach Bahia und quer durch Südamerika, dann nach New York und Miami und schließlich nach Afrika geführt.

Alles habe ich an die schwarzen Wundergestalten gehängt, der Liebe halber, und wie oft wagte ich nicht mehr zu lieben, aus Angst, dass unter den Berührungen die Lieder verstummten.
Kommt etwas zurück?
Gibt es einen Austausch zwischen einer schwarzen Priesterin und einem weißen Dichter?

Diese Frage muss offen bleiben. Aber es kann gesagt werden, dass Fichte mit seinen Reisen zwischen Europa und Südamerika, zwischen Bahia und New York, zwischen dem Amazonas und Afrika, zwischen Ethnologie und Kunst ganz sicher eine Botschaft übermittelt hat, vor allem an seine hiesigen Leser, dass wir uns angesichts der „schwarzen Wundergestalten", der Priesterinnen, der so anderen Welt in der Casa das Minas und dem alten König in Abomey fragen müssen, ob wir nicht doch „duldsamer", „genügsamer" werden könnten, wie Fichte gefragt hatte, oder mit anderen Worten: freier, offener.

Gäbe es nicht die Möglichkeit, dass sich ein Leser für einen Anderen interessiert? Gäbe es nicht die Möglichkeit, dass Du ein Buch nimmst, nicht um etwas Exemplarisches zu erfahren oder um Dich in dem Buch wiederzufinden, sondern um vielleicht eine andere Mentalität kennenzulernen?

Für diese Möglichkeit hat Hubert Fichte spürbar mehr Raum eröffnet.

Sich entschlossen verirren –
Peter Handkes Weltreise

Es ist kein Geheimnis: Peter Handke ist ein Romantiker. Als Hubert Fichte in den bewegten 1960er Jahren Interviews mit Prostituierten vom Hamburger Kiez zusammenstellte und das Ganze dann einen „Roman" nannte, als bei Rowohlt Comics à la *Das Mädchen aus der Volkskommune* erschienen, beides überhaupt nicht romantisch, war Handke längst mit seltener Emphase im Elfenbeinturm eingezogen, allen Zeittendenzen zum Trotz, und hatte verkündet: „Die Literatur ist romantisch."

Auch er war ein Provokateur gewesen, auch er hatte auf den Podien herumgeblödelt und die Gruppe 47 niedergemacht, vor allem hatte

Porträt des Autors als junger Mann:
Peter Handke Anfang der 1970er Jahre

Handke mit seinen Sprechstücken wie der *Publikumsbeschimpfung* die vor Klischees nur so strotzende, heruntergekommene Sprache in ihre Bestandteile zerlegt – allerdings mit dem Ziel, sie anschließend wieder neu zusammenzusetzen.

Daher machte er sich, dessen „einziges Talent" nach eigener Aussage die Sehnsucht sei, auf die Suche – nicht nach der blauen Blume des *Heinrich von Ofterdingen*, wohl aber nach dem freien Raum, wo man noch „ins Blaue" hinein schreiben konnte.

Diese Suche war auch immer eine Reise, was sich am Handke'schen Oeuvre ablesen lässt. Auf Krk arbeitete Handke an seinem ersten Roman, den *Hornissen*, 1971 reiste er in die USA, 1973 zog er nach Paris und 1978 war er schon wieder in Alaska. Alle diese Reisen haben tiefe literarische Spuren hinterlassen. So etwa ein Spaziergang durchs abendliche Paris, aufgeschrieben in den *Laternen auf der Place Vendôme* von 1976. Hier findet sich das Motiv, wie die verdrehte, knechtische Sprache und die Einsamkeit von einem abgewaschen werden, sobald die Schönheit der Natur in die städtische Szenerie hereinbricht.

Der Fußgänger folgte einer Verabredung und ließ sich betäuben von der auf ihn eindringenden Leibeigenen-Sprache, das Gesicht beim Zuhören noch nicht gelöst vom Krampf des Alleinseins. Aber später in der Nacht fing es plötzlich zu hageln an. Sehr helle Hagelkörner blitzten aus der Dunkelheit über die Straßenbeleuchtung und fielen schräg auf die trockenen, noch tagwarmen Gehsteige; schlitterten ein bisschen weiter und schmolzen, indem sie liegenblieben, sofort weg – ausgelöscht in dem gleichen starken Augenblick der Freude, in dem Stunden vorher die Laternen auf dem Platz Vendôme aufgeflammt waren.

Der radikale Sprachkritiker der *Publikumsbeschimpfung* ist nie verschwunden, aber je mehr Handke durch die Welt zog und je mehr er zu seiner ganz eigenen, dichten Prosa fand, um so stärker verwandelte er sich in einen poetischen Augen-Zeugen, der nicht nur mit der Sprache herumspielte, sondern in ihr so etwas wie Halt und Heil finden konnte.

Schon im *Kurzen Brief zum langen Abschied* von 1972 ließ Handke seinen Ich-Erzähler „ziellos, aber neugierig" umherstreifen, dieses Mal durch New York. Die USA, das war für ihn und für den Freund Wim Wenders vor allem das Land des Films und nach einer Reise kreuz und quer durchs Land, einer Frau hinterher, besuchte Handkes *alter ego* dann auch John Ford, den verehrten Western-Regisseur, in seinem Haus in Bel Air, wo gerade die Abendsonne durch die Blätter der Orangenbäume schien. Der alte, weise Mann gab seinen Besuchern etwas Wichtiges mit auf den Weg:

> *Wenn ich die Blätter sich so bewegen sehe, und die Sonne scheint durch, habe ich das Gefühl, dass sie sich schon seit einer Ewigkeit so bewegen. (...) Es ist wirklich ein Gefühl der Ewigkeit (...). Ihr würdet es ein mittelalterliches Gefühl nennen, einen Zustand, in dem alles noch Natur ist.*

Aber „die Natur"... ist sie denn nicht längst verschwunden, abgeschafft, zerstört? Während „wir Leute uns aufführen, als hätten wir alles schon verloren gegeben", tue die Natur „immer noch, wie wenn nichts wäre".

Peter Handke hat noch nicht alles verloren gegeben, er leistet bis heute seinen ästhetischen Widerstand gegen die realen und sprachlichen Zerstörungen. Indem er eine neue Sprache sucht, die noch nicht ausgewaschen und abgestumpft ist, ist er auch einer neuen Wirklichkeit auf der Spur, einem neuen Verhältnis zu den Menschen und zur Natur. Ob an den Randzonen Salzburgs, auf der Fähre über den Tejo, in der Sierra de Gredos oder beim Aufbruch zu seiner ganz und gar nicht einfachen winterlichen Reise zu den Flüssen Donau, Save, Morawa und Drina, als er sich „wie in einem Western" gefühlt hat – auf all diesen Streifzügen und Reisen folgt Handke diesen Spuren.

Dabei unterscheidet sich *eine* Reise von allen anderen, allein schon durch ihre Dauer. Nach acht Jahren der Sesshaftigkeit in Salzburg besaß der Autor von November 1987 bis Juli 1990 keinen festen Wohnsitz mehr, sondern leistete sich den Luxus, kreuz und quer durch die Welt zu reisen, zu gehen, „freischweifend". Seine Stationen waren Österreich, Jugoslawien, Griechenland, Ägypten, Paris, Berlin, Norddeutschland, München, Belgien, Japan, Alaska, London, Portugal, Spanien, Frankreich, Österreich, Italien, Frankreich, Jugoslawien, England und Schottland, Frankreich, Spanien, Italien, Österreich, Deutschland, Frankreich, Wien, München, Italien, Jugoslawien, Italien, Österreich, Frankreich, Amsterdam, Frankreich, Schweiz, Italien, Jugoslawien, Italien, Jugoslawien, Italien, Österreich, Deutschland, Frankreich, Spanien, Frankreich, Deutschland, Belgien, Frankreich. Damit hat er sogar Casanova um Längen geschlagen.

Gestern unterwegs, das Journal dieser Reise, erschien 2005, tagebuchähnliche Notizen, mal kürzere, mal längere Beobachtungen, Kommentare und Überlegungen, die Handke auf der Weltreise gesammelt hat, in der alle Motive und Ideen zusammenströmen, die sein Gesamtwerk ausmachen. Im „Verkehrsbrausen von Jesenice", Slowenien, hat die Reise begonnen. Von nun an war Handke „unterwegs auf unbestimmte Zeit".

So viel ist klar: Handke ist nicht „ins Ausland [gereist], um dort täglich das Kreuzworträtsel von BILD zu lösen". Nein, er hat sich auf den Weg gemacht, gerade um den Regelungen, Bildern und den vorgestanzten Sprechübungen von Zuhause zu entgehen, um stattdessen „mit dem, was *nicht* wie zu Hause ist (. . .) etwas anzufangen". Diese Offenheit bedeutet auch, sich vom Verlauf der Reise überraschen zu lassen und diese Überraschungen zu genießen:

> (. . .) *das Brachliegen des Zugs – Rückfahrt von Sevilla nach Córdoba – auf freier Strecke. Schließlich stieg ich aus, im Irgendwo, hellentschlossen. Endlich das Gehen in der Landschaft, neben den Gleisen, ohne zu wissen, wo ich war und wo es hinginge. Einige Zugpassagiere, die mir lange nachschauten, unschlüssig, ob sie auch auf und davon gehen sollten.*

Das Versagen der Technik wirkt auf Peter Handke geradezu befreiend. Endlich *gehen*, egal wohin, aber sich auf den Weg machen, einfach drauflos ins Land hinein. Das genießt er nicht nur in Spanien, er ist regelrecht darauf aus, überall verloren zu gehen, sich zu verlieren, sich wenn möglich „entschlossen zu verirren". Deshalb bedauert er auch ausdrücklich, im Japan-Reiseführer lesen zu müssen: „You cannot get lost in Japan". Sich verirren, immer mit offenen Augen und Ohren für die Spatzen, den Regen, die Jukebox, die Wellen des Meeres, das ist Handkes Art der Welterkundung. Zwar hat er sein Geburtsland Österreich hinter sich gelassen, nicht aber seine Heimat. Denn seine Heimat liegt im Land „der fragenden Phantasie" und dieses Land liegt schließlich überall, hier und jetzt. Für Handke kommt es fast einer Sünde gleich, alles schon zu wissen, alles besser zu wissen und die Welt mit diesem Wissen zuzutexten und zu erdrücken. Dann kann man auch zu Hause bleiben, wie die „Schwätzer", jene „Gegenwartsdiebe":

> *Tragen manche nicht eine Spur, einen Moment Schweigens in sich? Solche Leute einmal fragen: „Kennen Sie das Schweigen? Kennen Sie wenigstens das Wort?" Manchmal möchte ich mir einen Blitz vom*

> *Himmel wünschen, herab auf die Geschwätzexistenzen, wie sie ta-*
> *feln, schwatzen, teilnahmslos strahlen, unbedarft sterben werden.*

Wer aber bewusst sieht und hört, wer offen ist, kann die Dinge von außen empfangen und in sich aufnehmen. Die fragende Phantasie, von der Handke spricht, ist ein Be-Fragen der Welt, wobei die Gegenstände sprachlich immer neu umkreist werden, mit mehreren Annäherungen und Um-Schreibungen, um den elenden Fest-Legungen und Zu-Schreibungen zu entkommen, die den Blick auf die Welt doch nur verstellen. Aber gerade weil wir in einer Epoche des unermüdlichen Geschwätzes leben, fordert Handke, dass wir auf eine Epoche aus sein müssten, „in der das Fragen in Blüte steht". Erst im Fragen wird sichtbar, dass „viele Dinge einigermaßen anders liegen, als es uns das geläufige Weltbild (...) annehmen lässt" (Franz Josef Czernin), und erst dann zeigt sich auch, dass unser Alltag, die Welt um uns herum nicht ein Synonym für Langeweile und Banalität ist, sondern ein Ort, an dem man miteinander da ist.

Auf seinen Reisen in den Alltag hier und dort entdeckt Handke all die Kleinigkeiten, die man sonst so schnell übersieht. Und hier „dreht" er seine für ihn so typischen „Kurzfilme":

> *Gestern, am Sonntagnachmittag, die alte Frau an der Endstation*
> *des Busses, mit Plastiktasche, in der Pause des Fahrers einsteigend,*
> *sich mit diesem unterhaltend, und im Moment des Abfahrens wie-*
> *der aussteigend: und meine Vorstellung, sie sei die Mutter des Fah-*
> *rers, die da gekommen sei, um den Sonntag wenigstens kurz mit*
> *ihrem Sohn zu verbringen.*

Es ist dieser poetische Zugang zum Alltag, der Handkes Literatur einzigartig gemacht hat. Kurz vor der Weltreise hat Handke in einem langen Gespräch mit Herbert Gamper die Beziehung von Kunst und Alltag so beschrieben:

> *Das ist mir völlig klar, dass jede Kunstausübung oder der Vorschlag,*
> *den man damit zeitigt, der geht darauf hin, die Alltäglichkeit nicht*
> *nur auszuhalten, sondern sie als das Gegebene zu betrachten und da-*
> *mit umzugehen. Alles läuft darauf hin. Also die täglichen Handgriffe,*
> *die jemand in der Küche macht oder die er beim Schuhputzen macht,*
> *beim Weg ins Büro oder im Büro selber: dem eine Würde zu geben –*
> *nicht den Sockel, auf dem ein Denkmal steht, zu erzeugen, sondern*

der Alltäglichkeit die Würde zu geben, in den täglichen Wiederho-
lungen das Große, was für mich ein anderes Wort für die Dauer ist,
aufzuzeigen. Glauben Sie, es geht da doch um nichts anderes.

Alltag, das ist nicht die tumbe Abstumpfung – die gibt es zwar auch,
„überall die gleiche Statisterie im kläglichen Welttheater: die einander
von Auto zu Auto Anmaulenden, die Ins-Gebüsch-neben-der-Tank-
stelle-Pisser … und du? (Caen, Nacht)" – aber man darf sich die Aufmerksamkeit und Offenheit für die Schönheiten, für die ganz eigene Magie des Alltags nicht rauben lassen: „Ein Kind ging mit aufgelöstem
Schuhband, und ging, und ging." Oder: „Gestern beim Landen in Skopje
der erste Schnee auf der Reise (…); schönes Sichbeschneienlassen aller
Passagiere auf dem Weg zu Halle, es war auch für die Gegend der erste
Schnee, und auch das Gepäck kam verschneit auf dem Rollband."

Man könnte einwenden: Aber dafür muss Handke doch nicht reisen.
Das kann man doch überall haben. Ja, natürlich. Aber um es überall
haben zu können, muss man erst einmal weg, unterwegs gewesen sein,
seine Sinne im Betrachten des Nicht-Vertrauten geschärft haben, denn
es ist schon „seltsam: dass der Reisende viel mehr als der Sesshafte teil-
nimmt am Alltag und Festtag der andern". Über diese oft kaum merkli-
chen Kleinigkeiten, die in den Blick geraten, wird das Sehen neu bestimmt, die Wahrnehmung neu geordnet. Schon im *Chinese des*
Schmerzes stand der leise Vorwurf: „Sie wollen immer gleich erkennen,
statt erst einmal zu betrachten".

Die Weltreise führte Handke nicht nur in die verschieden gefärbten
Zauberwelten des Alltags, sondern auch mitten hinein in die epochalen
Umbrüche des Jahres 1989. Zwar hielt er sich kurze Zeit in Deutschland
auf, hatte aber davor zurückgescheut, mit einem Bekannten zur Berliner
Mauer zu fahren. Stattdessen ließ er die politischen Eruptionen hinter
sich, wie er im *Versuch über die Jukebox*, der auf der Reise entstand, beschrieben hat:

Zu Ende ging gerade das Jahr 1989, da in Europa von Tag zu Tag
und Land zu Land so vieles, und so wunderbar leicht, anders zu
werden schien, dass er sich vorstellte, jemand, eine Zeitlang ohne
die Weltnachrichten gewesen, zum Beispiel freiwillig eingeschlossen
in ein Forschungswerk oder nach einem Unfall monatelang ohne
Bewusstsein, würde dann beim Lesen der ersten Zeitung diese für
eine Sonderausgabe halten, worin fingiert war, die Wunschträume

der geknechteten und getrennten Völker des Kontinents seien über
Nacht Tatsachen geworden (...). Und jetzt, da die Geschichte als
das große Märchen der Welt, der Menschheit, dem Anschein nach
Tag für Tag weiterging, sich weitererzählte, fortzauberte, wollte er
hier sich, fernweg, in dieser von Steppen und Felswüsten umgebe-
nen, geschichtstauben Stadt – vor den zwar allüberall da schallen-
den Fernsehern später eine gemeinsame Stille nur einmal bei einer
Lokalnachricht, der von einem Baugerüst Erschlagenen – versu-
chen an einem so weltfremden Gegenstand wie der Jukebox.

Bei all der Freude stimmt Handke nicht in den Jubelchor mit ein, sondern schreibt in Soria seinen weltflüchtigen *Versuch über die Jukebox*.
Die Entfernung vom Getriebe der Welt und den politischen Kundgebun-
gen ist die Voraussetzung, um herauszufinden, „was wirklich ist". Handkes „Erforschung des Sichtbaren" hat ihr eigenes Tempo. Verlangsa-
mung ist geboten. Geduld. Entschleunigung. Anstatt sich durch das
hektische Treiben ein Tempo diktieren zu lassen, entzieht sich der Autor
auf der Reise den mechanischen Zwängen und Regelungen: „Das erste
Mal seit Wochen stehe ich hier in Ripoll vor einer Fußgängerampel."
Und in Florina, Griechenland, „nach der Überquerung der jugoslawi-
schen Grenze", zeigen plötzlich „wieder alle Leute stolz ihre Uhren vor".
In London sind die „Leute unterwegs zur Underground viel zu schnell
für meine Anchorage-Augen", für die Augen, die in der Ruhe und Weite
Alaskas „langsamer" geworden waren.

Der „gehetzte moderne Mensch" (Franz Xaver Kroetz) hastet durch
die Welt, er jagt umher und wird gejagt, durch die Zeit, die auf seiner
Uhr vertickt. Wer so durch die Welt rast, sieht nichts mehr und spürt
nichts mehr, nicht mehr „die ziehende Luft, am Hals, an den Schläfen",
all diese kleinen, reichhaltigen Wunder-Momente verschwinden. Sie
werden geradezu ausgeschlossen aus der Wahrnehmung und damit aus
dem Leben. Aber es gibt nicht nur eine Welt rasender Autos und abge-
schossener Ein-Mann-Torpedos, es gibt auch eine Welt, in der man zur
Ruhe kommen kann, in der man ein „Ankommen in der Zeit" erlebt.
Ein Moment, in den alles um einen herum einbezogen wird, wo die „Gegenstände im Licht der Langsamkeit" aufscheinen und endlich wahr-
nehmbar werden.

Nur in diesem Zur-Ruhe-Kommen entsteht auch die Kunst: „Das
Poetische kommt einfach: aus einem genaueren, inständigeren Hören

(Hinhören), einem genaueren, erwartungsvollen, geduldigen Schauen (Hinschauen), aus einem Spüren, einem Aufspüren, aus einem Auf-sich-übergehen-Lassen – etwa jetzt des Schütterns der Moorerde, des Moorgrunds unter mir, als gerade der Traktor auf der Straße vorbeifuhr".

Auf seiner Reise lebt Handke aus diesem neuen, beruhigten Zeitgefühl heraus, das nicht mehr zerhackt wird in Sekunden, Stunden, Takte und Termine. In der „empfindlichen Ruhe" weitet sich die Zeit aus zu einer unendlichen Gegenwart, zu einer grenzenlosen Wirklichkeit, die mit Augen und Ohren im „glitzernden Wasser des Flusses" erfahrbar wird oder wenn „du siehst und mitansiehst, wie die Spatzen von Dachziegel zu Dachziegel hüpfen, mit dem Gefühl dabei: ‚Das ist es! Das ist es, wieder und wieder!', dann, Freund, bist du richtig, dann bist du da". Im genauen Erfahren der Natur und des Alltags ist die Zeit nicht mehr das, was abläuft, was *vergeht*, sondern das, was *ist*, und deshalb *immer* ist.

Wie groß wird dann auf einmal die Welt, wenn Schemata und Einteilungen und Versimpelungen *von ihr* abfallen. Wie unendlich reich ist dann die Gegenwart. „Du musst durchdrungen sein von der Welt, von jeder ihrer noch so nebensächlichen Bewegungen", zum Beispiel von den Bewegungen der Schneeflocken, und Handke hat ganze Seiten über die verschiedenen Arten des fallenden Schnees geschrieben: „Schwankende Riesenschneeflocken, im Sinken, Wegfliegen, Aufsteigen, Sinken, Wirbeln aufschimmernd von der Sonne, von dieser durchschienen; schwebende Fenster in den Lüften", und mehr noch, „den Schneefall, das Fallen des Schnees mitmachen, das gibt es, als Lust". Auf diese Weise wird das Unterwegssein für Handke zu einer „Gegenwartslehre", zu einem Sammeln der Gegenwart. Aber was soll hier gelehrt, was soll gesammelt werden?

In der *Stunde der wahren Empfindung* hatte Handke seinen Gregor Keuschnig schon 1975 auf einer Bank neben einem Kinderspielplatz im Pariser Carré Marigny eine Erleuchtung haben lassen:

> *Im Sand zu seinen Füßen erblickte er drei Dinge: ein Kastanienblatt; ein Stück von einem Taschenspiegel; eine Kinderzopfspange. Sie hatten schon die ganze Zeit so dagelegen, doch auf einmal rückten diese Gegenstände zusammen zu Wunderdingen. – „Wer sagt denn, dass die Welt schon entdeckt ist?" – Sie war nur entdeckt, was die Geheimnistuereien betraf, mit denen die einen ihre Gewissheiten gegen andere verteidigten.*

Die Welt ist also noch gar nicht entdeckt, und *das* ist die Lehre, sofern es darum geht, sie als „Paradies der Gegenwart" zu erleben. Dahinter verbirgt sich eben nicht der Zeitgeist oder gar der von Jean Améry bezeichnete „Terror der Aktualität", kein Phantasialand, Disneyland, nicht die neuesten Glanzleistungen der Konsum- und Sozialtechnik. Nein, das Paradies der Gegenwart sieht ungefähr so aus:

> *Das Schubertkonzert im Fernseher, Blick nebenhinaus auf einen dunklen kleinen Platz, wo unablässig nächtens die Kinderwagen geschoben wurden, Getragenheit und Erhabenheit, mit der Musik, dieses Vater-Mutter-Kind-Zuges, durch die begleitende Sanftheit und Weltverbundenheit der Schubertschen Tonfolgen – und plötzlich aber zwischendrin das Aufbrüllen des Spielautomaten-Gassenhauers, der mich schon durch ganz Europa verfolgt, Aufforderung zum Geldeinwurf, ein fratzenhaft-widerwärtiger Marsch-Ohrwurm, Ohrdrache – und schon hämmerte folgsam ein Alter auf die Automatentasten, worauf die üblichen Schluck- und Rülpsgeräusche aus diesen ihn auch schon prompt verhöhnten – und noch später in der Mancha-Nacht wieder die schlafenden, traumpiepsenden Vögel in den Bäumen, hier Kiefern, die Vögel darin, vor dem schwarzen Himmel, helle Zapfen oben in den Kiefernkronen, ein Zapfen neben und auf dem andern, wobei einige der Spatzen – was sonst – auch kopfunter an den Zweigen hingen, fledermausartig, darunter noch das übliche sporadische letzte Wechsel- oder Hinundherfliegen einiger Unruhiger zwischen den Schlafbäumen, im übrigen aber schon der allgemeine, tiefe, reglose Schlaf hoch über mir unten, Schlaf, den keinerlei Händeklatschen mehr berühren konnte.*

Während sich „in der Natur ständig ein Jetzt ereignet", die Fülle der Gegenwart immer da ist, muss der Mensch innehalten, um das Jetzt wahr zu machen. Dann aber kommt darin sogar ein therapeutischer, ein heilender Zug zum Vorschein: „Wie entscheidend ist doch die körperlich-seelische Gesundheit oder Beweglichkeit oder Gegenwärtigkeit, oder Vergegenwärtigungskraft" – was den Umkehrschluss nahe legt, dass, wer in der Vergangenheit stecken bleibt oder nur planvoll in die Zukunft hineinrennt, darüber aber die „gegenwärtigen Anblicke, Empfindungen" übersieht, an etwas krankt. Dem setzt Handke die „Begabung zur mühelosen Gegenwart" entgegen und er fordert sich selbst und vielleicht auch uns auf: „Ändere dich! – durch nichts als Gegenwartssinn, nichts sonst –

durch Aufmerken für das, was ist (die Mancha-Disteln, hellgrau, im Wind neben den Bahngleisen)".

Wenn man den All-Tag entdeckt und die Zeit sich verlangsamt hat, wenn dadurch die Gegenwart immer größer und reicher geworden ist, dann verschwinden auch die Selbstüberschätzung und die Hybris. Das aufgeblasene Ich tritt in den Hintergrund. Nicht zufällig in Japan, der Welt des Zen-Buddhismus, nähert sich Handke solchen meditativen Momenten an. In Kyoto bemerkt er, wie er in seinen eigenen Träumen kaum oder gar nicht mehr vorkommt. „Geliebt wird der Selbstvergessene", nicht der „Idiot des Westens", nicht der Selbstzufriedene, der immer im Mittelpunkt seiner kleinen Welt steht. Das Ich ist nicht der Nabel der Welt und der Mensch nicht die Krone der Schöpfung. Es geht nicht darum, im Mittelpunkt oder oben auf der Leiter zu stehen, sondern darum, *mitzusein.*

Einen solchen Moment erlebt Handke auch in Seu. „Mein Mitsein – auch ‚nur' mit dem Busfahrschüler, allein mit ihm im Bus". In diesem unsensationellen, unauffälligen Bild vom gemeinsamen Dahinfahren mit dem unbekannten Busfahrschüler fallen die verschiedenen Motive zusammen: Der poetische Blick auf den Alltag hat eine Neubestimmung der Zeit und des Ichs ermöglicht, der Alltag ist ein lebendiges, gegenwärtiges „Dabeisein" geworden, ein „Teil*haben*" an den Momenten und Empfindungen und den Leben der anderen. Alles wird miteinbezogen. Und wenn alles mit-einbezogen wird, dann ist man selbst auch ganz. Ganz da, egal, wo man ist.

Was Handke durch die Welt streifen lässt, ist der Versuch, sich dem Festgefahrenen zu entziehen und so den Zugang zu einer neuen poetischen Welt-Er-Fahrung offen zu halten. Handke lässt die Dinge sein, ohne sie gleich verstehen zu können oder zu wollen. Auf diese Weise verbinden sich nach und nach die gesammelten Bilder, sie zeigen die Schönheit des Hier und Jetzt und sie bannen den Schrecken in der Welt. In der Fülle der Bilder wird der mechanistischen Verkleinerung des Menschen eine Absage erteilt im Namen einer anderen Wirklichkeit, in der es das Wunder der unendlichen Gegenwart gibt. Das ist Peter Handkes *docta ignorantia, seine* belehrte und beruhigende Unwissenheit: „Ich verstehe die Welt nicht mehr." Und das ist gut so. „So kannst du neu anfangen."

Am Ende der Reise steht nicht das Ende der Sehnsucht. Denn die hört bei einem Romantiker wie Handke nie auf. Wohl aber endet die „Pilgersehnsucht". Die Reisebewegung kommt mit einem „Es *sei* hier!"

und mit dem Kauf eines Hauses in Chaville, einem Vorort von Paris, zu ihrem Abschluss. Der Autor wird wieder sesshaft.

Handkes Weltreise lässt sich, wie beschrieben, vor allem als Suche nach einer neuen Sprache lesen. Aber sie beginnt nicht mit „Am Anfang war das Wort", sondern schon früher, etwa mit der „Helligkeit der Meeresbahnhöfe" oder mit den „ersten Regentropfen im Wegstaub", mit einem ganz alltäglichen, leichten, schwierigen „Schau! Hör!".

Jedem Kontinent sein Buch –
der Nomade Bruce Chatwin

Anfang der 1960er Jahre arbeitete Bruce Chatwin – er war gerade einmal 20 Jahre alt – als Kunstexperte für das Londoner Auktionshaus Sotheby's. Er hatte ein gutes Auge und kannte sich aus, wusste auf Anhieb, aus welcher Epoche die Kunstwerke stammten und auch, was sie wert waren. Er ging selbst auf die Jagd nach interessanten Kunstobjekten, nicht nur in England, er reiste nach Italien oder Südfrankreich, aber da war noch ein anderer Grund, der Chatwin immer wieder aus der Londoner City hinaustrieb. Im Gespräch mit Michael Ignatieff hat er einmal gesagt: „Ich stamme aus einer sehr mittelständischen Anwalts- und Architektenfamilie. Das Reisen stellte eine große Befreiung dar – ich wurde den Druck von oben und von unten los. Wenn man unterwegs ist, müssen einen die Leute so nehmen wie man ist." Druck von oben – das mag Druck von Vorgesetzten gewesen sein, Druck, der auf diffuse Weise von der etablierten, abgehobenen, selbstverliebten Kunstwelt ausging, der Chatwin später entfloh. Und Druck von unten – Erwartungsdruck der Familie, etwas Anständiges aus seinem Leben zu machen, Aufstiegsambitionen.

Dieser Anpassungsdruck besaß bei Bruce Chatwin aber letztlich nicht so sehr soziale als vielmehr sexuelle Ursachen. Bis zuletzt, bis zu seinem frühen Tod 1989, hat er versucht, seine Homosexualität zu verstecken, auch seine HIV-Erkrankung, die Anfang der 1980er Jahre einen Hinweis darauf hätte geben können. Daher die Geschichten von einem Pilz aus dem tibetanischen Hochland oder dem Biss einer Fledermaus auf Bali, die ihn krank gemacht hätten.

So kann die Befreiung durch das Reisen, von der Chatwin spricht, sehr wohl als eine Form der Flucht aufgefasst werden, wie auch die Kunsthändlerin Jane Abdy meinte: „Als er seiner Homosexualität nachgab, ekelte er sich vor sich selbst, was den Rest seines Lebens erklärt, der eine Flucht vor der Realität war – sein Ortswechsel nach Edinburgh, seine Reise nach Patagonien, alles war eine Flucht." Der Archäologe Stuart Piggott beschrieb es mit ähnlichen Worten: Chatwin laufe „durch das Reisen vor sich selbst weg". Vor diesem Hintergrund schien das Reisen Sicherheit und, es klingt widersinnig, so etwas wie Halt – oder ein uneinlösbares Versprechen von Halt – zu gewähren: „Wenn man unterwegs ist, müssen einen die Leute so nehmen wie man ist."

Ob dieses Fluchtmotiv, das auch Hubert Fichtes Reisen zugrunde liegt, von Beginn an da war oder ob es sich erst später stärker ausbildete, lässt sich nicht genau bestimmen. Der Zusammenhang ist deutlich: Seit den frühen 1960er Jahren ist Chatwin um die ganze Welt gereist und wenn er zu lange an einem Ort war, musste er wieder los, dann setzte sie ein, die Rastlosigkeit, die Ruhelosigkeit, dann wurde er nervös und musste weiterziehen.

Aber Chatwin reiste nicht nur durch die Weltgeschichte, er schrieb auch zunächst Artikel und Essays, bis 1974 sein erstes Buch erschien, *In Patagonien*, das ihn berühmt machte. Und aus diesen Reisen erwuchs allmählich, wie der Ethnologe Michael Oppitz schreibt, der

> *vorgezeichnete Plan, der immer deutlicher zutage trat – jedem Kontinent ein eigenes Buch zu widmen. Hatte der erste Roman,* In Patagonien, *den Süden Amerikas zum Schauplatz; der zweite,* Der Vizekönig von Ouidah, *Afrika; der dritte,* Auf dem schwarzen Berg, *(…) das alte Wales, also einen vom Festland getrennten Teil Europas; der vierte,* Traumpfade – The Songlines, *Australien; und der fünfte,* Utz, *das zentrale Europa; so wird der fünfte und größte Kontinent, Asien, in dieser universalen Anlage ein weißer Fleck bleiben, der große Entwurf ein Fragment.*

Daher müssen wir uns mit einigen verstreuten – allerdings großartigen – Texten über Asien begnügen. Mit den Reisen nach Asien hat alles irgendwie angefangen, bildeten sie doch den eigentlichen Auftakt zu einer Theorie, die zu Chatwins Lebensmotiv werden sollte: die Vorstellung einer „nomadischen Alternative".

„Im September 1960 war Chatwin", wie sein Biograph Nicholas Shakespeare schreibt, „auf Byrons Spuren über die griechischen Inseln nach Kreta gewandelt. Dieser Urlaub hatte in ihm die Sehnsucht nach weiteren Fernen geweckt. Er wollte über die persische Grenze in den Hindukusch vordringen (…)." Dieses Vorhaben ließ sich aber erst einige Jahre später, nämlich gegen Ende des Sommers 1963, realisieren. „Die Reise nach Afghanistan dauerte lediglich drei Wochen. Sie war nur in groben Zügen geplant und basierte auf einem geringen Verständnis für die dortige Kultur. Doch sie legte den Keim zu Bruce' Sehnsucht nach Zentralasien."

Gemeinsam mit dem Freund Robert Erskine erreichte Chatwin Anfang September das iranisch-afghanische Grenzgebiet. „Unsere Ankunft
in Afghanistan war ein Moment seltener Erregung." Allerdings erwies
sich die fortgesetzte Reise auf den Spuren von Robert Byron, in dessen
30 Jahre zuvor entstandenen Reisebericht *Der Weg nach Oxiana* Chatwin
regelrecht vernarrt war, als zunehmend naiv, als hätte sich in den letzten
bewegten Jahrzehnten in Afghanistan, in Kabul nichts verändert. 1980,
nachdem die Rote Armee ins Land einmarschiert war, blickte Chatwin
in seiner *Wehklage um Afghanistan* auf seinen ersten Besuch zurück:

> *In den Straßen von Herat sah man Männer mit turmhohen Turba-*
> *nen Hand in Hand spazieren gehen, eine Rose im Mund, die Ge-*
> *wehre in geblümten Chintz gehüllt. In Badachschan konnte man*
> *auf chinesischen Teppichen picknicken und dem Gesang des Bülbül*
> *lauschen. In Balch, der ‚Mutter der Städte‘, fragte ich einen Fakir*
> *nach dem Weg zum Schrein von Hadj Piardeh. „Ich kenne ihn*
> *nicht“, sagte er. „Er muss von Dschingis zerstört worden sein."*

Chatwin betonte schon früh, dass die bemerkenswerten Kulturschätze
Afghanistans das Ergebnis einer „Fusion (man könnte auch sagen: einer
chemischen Explosion) zwischen der antiken Zivilisation des Irans und
den Völkern nomadischen Ursprungs aus dem Oxusbecken und jenseits
davon" seien.

In jeder Hinsicht abstruser war der Anlass der zweiten Afghanistan-
Reise 1964. Sie galt einer bestimmten Kerbel-Sorte, die nur im Gebiet
des Hindukusch wächst und in der bedeutenden Sammlung der Royal
Botanic Gardens noch fehlte. Die mühsame Expedition endete vorzeitig
in einer allgemeinen Erschöpfung und ernsten Verletzungen, ohne dass
der in Rede stehende Kerbel hatte erbeutet werden können.

Mehr und mehr litt Chatwin unter einem Augenleiden. Sicherlich
hatte die Überanstrengung seiner Augen bei Sotheby's – etwa durch mil-
limetergenaues Kontrollieren von Gemälden, um Fälschungen zu erkennen – dazu beigetragen, dass er leicht schielte; aber sein Augenleiden
hatte auch eine psychosomatische Dimension. An diesem Punkt seines
Lebens drückte sich seine Identitätskrise stärker aus als je zuvor. Wie
seine Landsmännin Isabella Bird rund hundert Jahre vor ihm folgte er
dem Rat seines Arztes, nahm eine Auszeit und floh in die Wüste.

Genauer gesagt in den Sudan. Die natürliche Einfachheit, die ihn dort
umgab, die Reduziertheit aller Lebensäußerungen, auch das Erlebnis vo-

rüberziehender Nomaden, die „die erstaunliche Fähigkeit besitzen, selbst unter schwierigsten Bedingungen zu überleben, während Weltreiche in sich zusammenbrechen", faszinierten ihn und ließen ihn ein wenig zur Ruhe kommen. Die Zeit in der Wüste, wo Jesus den Verlockungen des Teufels widerstanden und sich Nietzsches Zarathustra verwandelt hatte, war eine Zeit des Nachdenkens und wichtiger Entscheidungen.

Chatwin kehrte mit der Absicht nach England zurück, Elizabeth, eine Kollegin bei Sotheby's, zu heiraten. Nicholas Shakespeare liefert eine überzeugende Erklärung für diesen überraschenden Schritt: Chatwin „brauchte jemanden, von dem er einerseits fortlaufen und zu dem er andererseits wieder zurückkehren konnte, und diese Person fand er in Elizabeth". Die Ehe markierte aber keinesfalls das Ende für seine Sex-Eskapaden und die ständig wechselnden Partner.

Kurz nach der Hochzeit ging Chatwin wieder auf Reisen, aber dieses Mal auf andere Art: Er hängte seine vielversprechende Karriere bei Sotheby's kurzerhand an den Nagel und nahm ein Studium der Archäologie in Edinburgh auf. Er wollte nichts mehr zu tun haben mit „diesen Menschen". Aber es gehörte auch nicht viel dazu, vorherzusagen, dass er und die akademische Welt sich nicht unbedingt besser vertragen würden.

Bei den Buschmännern in der Kalahari liegen die Babys „in einer Lederschlinge dicht an der Mutterbrust und werden durch den sanft schwingenden Gang beruhigt und eingelullt. Wenn eine Mutter ihren Säugling in den Armen wiegt, ahmt sie unbewusst die edle Wilde nach, die durch die grasbewachsene Savanne schreitet und ihr Kind vor Schlangen, Skorpionen und anderen Schrecken des Busches schützt. Wenn wir von Geburt an Bewegung brauchen, wie können wir dann später sesshaft werden?" Bruce Chatwin hatte sein Thema gefunden – Sesshaftigkeit versus Nomadentum. Er fand es in Edinburgh, jedoch auf einigen Umwegen.

Während ihm nach einem Jahr voller Vorlesungen, Bücherwälzen und Recherchen schnell deutlich wurde, dass die akademische Archäologie und das Universitätsleben nicht seinen Vorstellungen von Forschung entsprachen, ergab sich die Möglichkeit, bei der Vorbereitung einer Ausstellung des New Yorker Asia House mitzuwirken. Hier konnte Chatwin nicht nur seine Kenntnisse hinsichtlich der Auswahl der Objekte und entsprechende Expertisen einbringen, sondern auch seiner neuen Passion nachgehen, denn unter dem Titel *Animal Style* präsentierte die Ausstellung 170 Stücke in Tierform: Kunstwerke asiatischer Nomaden.

Die Reflexionen über das Wiegen des Kindes als unbewusste Nachahmung nomadischer Bewegung stammt aus dem Text *Es ist eine nomadische Nomaden-Welt*, den Chatwin zum Ausstellungskatalog beisteuerte
und mit dem die Organisatoren wenig anzufangen wussten. Es war der
Beginn eines nie fertiggestellten Buchprojekts mit dem Titel *Die nomadische Alternative*. Chatwin entwickelt hier den Gedanken, dass „die Evolu-
tion uns zu Reisenden bestimmt" habe. „Sesshaftigkeit von längerer
Dauer, ob in einer Höhle oder in einem Schloss, war in der Geschichte
der Menschheit im günstigsten Fall ein vorübergehender Zustand. (...)
Wir sind von Geburt an Reisende." Diese „einfache Gegebenheit unserer
Natur" werde in der hochgezüchteten, technisierten Welt nicht mehr begriffen, anders als bei den „wenigen ‚primitiven' Völkern in den gottver-
lassenen Winkeln der Erde". Während diese in ständiger Bewegung
wären, würden wir nur in abgedunkelten Zimmern hocken, „eine Generation, die sich mit der Zentralheizung vor Kälte und mit der Klimaan-
lage vor Hitze schützt". Aber das Reisen, die Bewegung, das Auf-dem-
Weg-Sein liegt in der menschlichen Natur. Gewagt kreuzt Chatwin eine
denkbare anthropologische Konstante mit politischen Prozessen:

> *Denn das Leben ist eine Reise durch die Wildnis. Diese Vorstellung,*
> *so universell, dass sie geradezu banal erscheint, hätte nicht fortleben*
> *können, wenn sie nicht biologisch untermauert wäre. Keiner unse-*
> *rer revolutionären Helden ist etwas wert, bevor er sich auf eine rich-*
> *tige Wanderung begibt. Che Guevara sprach von der ‚nomadischen*
> *Phase' der kubanischen Revolution. Man bedenke, was der Lange*
> *Marsch für Mao Tse-Tung und der Exodus für Moses getan haben.*

Der Mensch sei „ein durch die Jahreszeiten bestimmtes Tier":

> *In jedem Frühjahr schütteln die Nomadenstämme Asiens die Träg-*
> *heit des Winters ab und kehren mit der Regelmäßigkeit von Schwal-*
> *ben zu ihren Sommerweiden zurück. (...) Ihre Körper heben und*
> *senken sich mit den Sätteln und geben den Takt zum eindringlichen*
> *Läuten der Kamelglocke. Sie blicken nicht nach rechts und nicht*
> *nach links. Ihre Augen sind auf die Straße vor ihnen gerichtet –*
> *weit über den Horizont hinaus. Die Frühlingsmigration ist ein ri-*
> *tueller Vorgang, der ihre sämtlichen geistigen Bedürfnisse befrie-*
> *digt, und die Nomaden sind notorisch irreligiös. Der Weg den Berg*
> *hinauf ist der Weg zu ihrer Erlösung.*

Als Beispiel des Zusammenhangs zwischen Religion und Bewegung verweist Chatwin auf den Islam, der nicht an einem Ort entstanden sei, sondern „in den Karawanenstädten keimte". Pilgerreisen stellten bereits eine Art Kompensation für nicht mehr stattfindende Migration dar. In den von Nicholas Shakespeare ausgewerteten Notizbüchern heißt es: „Die Hauptfrage ist folgende: Ist das Wandern – der Drang zu reisen – eine genetisch bedingte Manifestation eines biologischen Erkundungstriebs, oder ist es kulturabhängig?" Zunächst gab Chatwin der ersten Variante den Vorzug:

> *Jede unserer Handlungen ist mit dem Gedanken an Reisen verbunden. Mir gefällt der Gedanke, dass unsere Gehirne ein Informationssystem enthalten, das uns Weisungen für den Weg gibt, und dass hier die Triebfeder unserer Ruhelosigkeit liegt.*

Ruhelosigkeit – spricht Chatwin hier allgemein über den Menschen und seine kulturelle Entwicklung oder nicht vielmehr über sich selbst? Bei allen treffenden Beobachtungen und bemerkenswerten Verbindungen kann man sich des Eindrucks nicht erwehren, er bastele hier *auch* an einer Theorie, die es ihm, auf ähnliche Weise wie Hubert Fichte, erlaubt, seine eigenen Dispositionen auf die ganze Menschheitsgeschichte zu projizieren.

Vor dem Hintergrund dieser Meditationen über die Nomaden reiste Chatwin 1969 wieder dorthin, woher die Kunst kam, die in New York mit seiner Hilfe ausgestellt wurde, nach Afghanistan; gemeinsam mit dem Lyriker Peter Levi, der einen eigenen Bericht über die Reise veröffentlicht hat, ausgestattet mit Fotos von Chatwin. Die beiden reisten drei Monate lang durchs Land. Besonders beeindruckte Chatwin das in einem felsigen Tal gelegene, über 60 Meter aufragende Minarett von Jam (in der Provinz Ghor) vom Ende des 12. Jahrhunderts. Vor dieser monumentalen Kulisse vollzog sich in ihm ein bedeutender Wandel. Die Erkundungen, die jetzt gezielter und mit mehr Hintergrundwissen erfolgten, verbanden sich mit seiner Nomaden-Theorie, wurden von ihr sogar überlagert, sodass sich bei ihm – nach der Flucht in die afrikanische Wüste, einer hingeworfenen Karriere bei Sotheby's, der bürgerlichen Ehe und dem abgebrochenen Archäologie-Studium in Edinburgh – immer stärker das Bedürfnis artikulierte, seinen Interessen und Fähigkeiten endlich eine angemessene Form zu geben. In einem Brief an seine Frau heißt es:

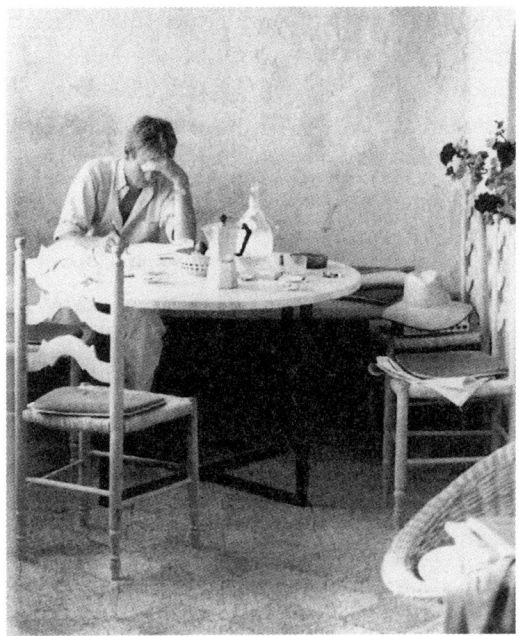

Reisen ist Schreiben – Bruce Chatwin bei der Arbeit

Ich habe auf dieser Reise mehrere Dinge erkannt. Weißt du, sie sind sehr nützlich für mich. Sie wirken als Abführmittel. Ich bin fast dreißig Jahre alt, und statt mich darüber zu ärgern und es zu verdrängen, freue ich mich darüber und habe beschlossen, entsprechend zu handeln. (...) Ich möchte ein ernster und systematischer *Schriftsteller werden.*

Hatte er doch bisher eher dilettiert und geistreich zu überraschen verstanden, verschob sich die Betonung nun: „systematisch" oder auch: fundiert, strukturiert. Während seines dritten Aufenthalts in Afghanistan war Bruce Chatwin zum Schriftsteller geworden.

Aus dem weltumspannenden Nomaden-Buch ist nichts geworden, es war ein quälender Prozess, das Projekt aufzugeben; aber die nachfolgenden Stationen sind weithin bekannt: seine Arbeiten für die *Sunday Times,* dann 1974/75 die große Reise nach Patagonien und das daraus entstandene Erfolgsbuch. Mit seiner visuellen Schärfe, seinem knappen, lakonischen Ton, in dem auch Bewunderung für Hemingway mitschwingt, wurde Chatwin zum Liebling der Feuilletons. Der von den „geliebten Feinden" Werner Herzog und Klaus Kinski als *Cobra Verde* verfilmte Roman über den *Vizekönig von Ouidah* geht auf Chatwins Reisen nach Benin, Togo, Nigeria und Brasilien in den 1970er Jahren zurück. Vor dem Hintergrund des Sklavenhandels zwischen West-Afrika und Brasilien entwickelt der Roman die so wilde wie faszinierende Geschichte des Francisco Manoel da Silva, dem die historische Gestalt des Sklavenhändlers Félix de Souza zugrunde liegt. 1987 erschienen dann die *Traumpfade*, Chatwins vielleicht bekanntestes, sicherlich sein umfangreichstes Buch, das den mythischen Gesängen der australischen Ureinwohner, den *Songlines*, gewidmet ist, in denen eine Art Ur-Landkarte Australiens aufgehoben und tradiert wird. Im zweiten Teil breitet er Material des nicht weiter verfolgten Nomadenbuchs aus.

Aber *Asien* als Raum, auch als Projektionsfläche früherer Leidenschaften, scheint immer mehr zu verschwinden. Doch ganz so war es nicht. 1983 reiste Chatwin mit seiner Frau in den Himalaya.

> *Im vergangenen April, nachdem ich den heißesten Teil des Jahres in der zentralaustralischen Wüste verbracht hatte, verspürte ich den Drang, dieses müde rote Land zu verlassen und irgendwo in den Bergen einen klaren Kopf zu bekommen. Ich hatte immer schon in den Tälern rings um den Mount Everest wandern wollen (...). Ich wollte die buddhistischen Klöster in Tibet sehen, die an der Grenze zu Nepal liegen. Und was den Yeti betrifft, so wollte ich mit eigenen Augen jenen nebulösen Bereich der Zoologie erforschen, wo das Tier des Linnéschen Systems dem Tier der Imagination begegnet.*

In Kathmandu, der Hauptstadt Nepals, lernten sie den deutschen Ethnologen Michael Oppitz kennen. Er und Chatwin tauschten sogleich Überlegungen zu den Nomaden aus – während Chatwin noch randvoll war mit Eindrücken aus Australien und vor allem über die Songlines der Aborigines erzählte, steuerte Oppitz vergleichbare Informationen über einen nepalesischen Stamm bei, über die Magar, die „Nomaden und sesshaft zugleich" seien, was Chatwin natürlich faszinierte. Von Kathmandu flogen die Chatwins schließlich weiter nach Lukla, wo der Aufstieg begann:

> *Die Wolken verzogen sich, als wir uns anschickten, die Straße nach Namche Bazaar hinaufzugehen, die etwa einen Meter breit war.*

Der Wind ächzte in den Kiefern, der Fluss hallte in seiner Schlucht wider, die Berge glitzerten, und die dzom-Schellen bimmelten. (…) Wir alle waren erfüllt von jener Heiterkeit, die sich beim Beginn einer Reise einstellt.

Nicht nur mit offenen Augen, sondern auch mit geschärftem Blick für die besonderen Traditionen asiatischer Nomaden reist Chatwin durch die Berge:

Im Sherpaland ist jeder Weg mit Steinhaufen und Gebetsfahnen markiert, die einen daran erinnern, dass des Menschen wahres Haus nicht das Haus, sondern der Weg ist und das Leben selbst eine Reise, die zu Fuß zurückgelegt werden muss.

Die Schilderung der Natur um den Mount Everest wird verwoben mit Momentaufnahmen über andere Reisende, aber auch mit Assoziationen, die sich beim Shangri-La-Pass einstellen: „Und es kam mir der Gedanke, wie einfach es wäre in dieser weißglühenden Atmosphäre, das wirkliche Shangri La zu ‚sehen‘, wie es von den Mystikern beschrieben wurde – das Tal der ewigen Jugend, das immer irgendwo im Norden liegt, wo die Häuser goldene Dächer haben und in den Flussbetten Edelsteine schimmern." Unterwegs treffen sie einen „heiligen Wanderer", der vor langer Zeit aus Tibet herüber gekommen war. Eines Tages, sagte er, werde er auch wieder nach Tibet zurückkehren, „aber ob in diesem Leben oder im nächsten, das wusste er nicht".

Außerdem wird klar, dass das ganze Unternehmen nicht unbedingt ein Spaziergang ist:

Wir verbrachten eine eiskalte Nacht in viertausend Meter Höhe und stiegen bei Sonnenaufgang zum Kloster auf, das hoch oben an einer Felswand klebte.

Durch den literarischen Ertrag dieser Reisen, *Auf den Spuren des Yetis*, zieht sich als Aufhänger und roter Faden der populäre Mythos von jenem wilden Tier, Schneemenschen oder Riesenaffen. All die Märchen werden von Chatwin psychologisch gedeutet: „Letzten Endes ist es der Mensch, der sich seine Ungeheuer ausdenkt." Als Chatwin aber selbst unerklärliche Fußspuren findet, die weder von einem Menschen noch einem Tier, also sehr wohl vom Yeti stammen könnten, schreibt er selbstkritisch:

Mein ganzes Leben bin ich auf der Suche nach dem Wunderbaren gewesen: doch kaum weht mich etwas Unheimliches an, neige ich zu rationalem, wissenschaftlichem Denken.

Wieder zurück in Kathmandu statten die Reisenden Michael Oppitz noch einen kurzen Besuch ab. Er erinnert sich an folgende Sätze von Chatwin:

Weißt du, ich spiele seit einiger Zeit mit dem Gedanken, einen Roman zu schreiben, dessen zentrale Figur ein Anthropologe wäre. Nicht einer der großen Theoretiker würde mir dabei Modell stehen, sondern jemand, bei dem die Feldforschung zu seinem Leben geworden ist, nicht nur eine Episode darin; jemand, der nicht in den Metropolen seinen Ruhm pflegt, sondern der unerkannt im Hinterland bei seinem Stamm lebt. Zuerst dachte ich an Strehlow, jetzt denke ich an Rock.

Und dieser Joseph Rock – 1884 in Wien geboren, 1962 auf Hawaii gestorben – rückte, neben anderen Projekten, immer mehr in den Mittelpunkt von Chatwins Interesse. Die vielschichtige Gestalt des Botanikers und Sprachwissenschaftlers, der sich zwischen 1921 und 1949 in Tibet und China aufhielt, war der Auslöser für Chatwins zweite Reise nach Nepal, von wo er auch nach China, nach Yünnan weiterreiste und in einem Bauerndorf am oberen Jangtsekiang Station machte, in der Region der Nakhi, die Rock Jahrzehnte vorher erforscht hatte. Diese Reise datiert vom Dezember 1985, bevor die Krankheit Chatwin immer mehr schwächte und von weiteren Reisen abhielt.

Die Nakhi stammen von tibetischen Nomaden ab, die vor vielen Jahrhunderten ihre Zelte gegen Häuser tauschten und sich im Lijiang-Tal niederließen, um in fast dreitausend Meter Höhe Reis und Buchweizen anzubauen. Ihre Religion war – und ist insgeheim noch immer – eine Verbindung von tibetischem Lamaismus, chinesischem Taoismus und einem sehr viel älteren schamanistischen Glauben an die Geister von Wolke und Wind und Kiefer.

Die Verbindung von Religion und Alltag erkennt Chatwin am Beispiel eines traditionellen Umhangs, den die Frauen tragen:

Jede Nakhi-Frau trägt den Kosmos auf ihrem Rücken: der obere Teil des Umhangs ist ein indigoblauer Streifen, der den Nachthimmel darstellt, der untere ein Stück cremefarbener Seide oder Schafsfell, das für das Tageslicht steht. Die beiden Hälften sind durch sieben an-einandergereihte Scheiben unterteilt, die die Sterne symbolisieren – Sonne und Mond, die einst je eine Schulter zierten, sind inzwischen aus der Mode.

Denn auch hier, im hintersten Winkel der Erde, hat sich vieles verändert, nicht zuletzt durch die chinesische Kulturrevolution, während der die Roten Garden das Dorf verwüstet hatten. Als Chatwin hörte, dass ein „schrecklich zugerichteter Tempel aus der Zeit der Tang-Dynastie" bald restauriert werden sollte, hegte er die Hoffnung, dass „die älteste, subtilste und intelligenteste Zivilisation der Welt inzwischen zu den Quellen ihrer alten Weisheit zurückgefunden habe".

Als Chatwin mit einem Arzt über Heilpflanzen ins Gespräch kommt, weist der Arzt ihn darauf hin, dass er seine botanischen Kenntnisse einem „sonderbaren einsiedlerischen Europäer" verdanke: Joseph Rock. Oder „Dr. Lock, wie die Nakhi ihn noch heute nennen".

Hier hatte er gelebt und geforscht, fast drei Jahrzehnte lang. Seine Zornausbrüche seien bis heute berühmt und Chatwin erklärte, dass Rock mit allen im Clinch lag, nicht nur mit dem *National Geographic Magazine,* „weil man dort seine Texte umschrieb", nein, Ziel seines Zorns seien auch „sein Wiener Neffe, die Universität Harvard, Frauen, das State Department, die Kuomintang, die Roten, die Bürokratie, Missionare, Angehörige der Holy-Roller-Sekte, chinesische Banditen und die bankrotte abendländische Zivilisation" gewesen.

Europa den Rücken zudrehend, habe er Lijiang ‚entdeckt', „von nun an der Ausgangspunkt für seine Reisen entlang der tibetischen Grenzen: zu den ehemaligen Königreichen von Muli, Choni und Yungning und zu dem Berg Minya Konka, den er voreilig zum höchsten Berg der Welt erklärte". Rock habe sein Leben „der Aufzeichnung von Bräuchen, Zeremonien und der einzigartigen Bilderschrift seiner Nakhi-Freunde" gewidmet.

Sein Buch The Ancient Na-Khi Kingdom of South-West China *mit seinen Augenschmerzen verursachenden Stammbäumen und den verwirrenden Abschweifungen dürfte eine der ausgefallensten Publikationen sein, die je von der Harvard University Press herausgegeben wurden.*

Und die Welt, die Rock so intensiv beschrieben hatte, existierte noch, als Chatwin nach Lijiang kam: „In der vergangenen Woche sind wir über die Straßen in der Gegend von Lijiang gewandert und stellten zu unserer Freude fest, dass die Welt, die Rock ‚bewahrt hat, uns zum Gedächtnis' (...) noch lange nicht verschwunden ist." Von dieser Reise aus – man kann den Essay als eine erste Vorarbeit lesen – hätte sich ein Weg zum Roman für den letzten, noch nicht beschriebenen Kontinent finden lassen, zum Roman über Asien, über China und Tibet. Aber Chatwins Krankheit hat dies vereitelt.

„Die Suche nach Nomaden", hat Chatwin gegen Ende seines Lebens geschrieben, „ist eine Suche nach Gott." Er war immer unterwegs und hat das Leben als Reise, als Weg aufgefasst. In seinem letzten Lebensjahr führte ihn dieser Weg in eine ganz andere, ganz eigene Welt voller Riten und nicht zuletzt auch voller Gesänge, er fühlte sich stark zur griechisch-orthodoxen Kirche hingezogen. Vielleicht konnte er in der festgefügten Orthodoxie endlich das loswerden, was er auf all seinen Reisen mit sich herumschleppte, das Unglück des Entwurzelten. Bruce Chatwin starb 1989 in Nizza.

Literaturverzeichnis

Vorbemerkung

Goethe, Johann Wolfgang: Gespräche. Erster Teil: 1752–1817. Gedenkausgabe Band 22. Hrsg. von Ernst Beutler. Zürich, Artemis 1949.

Giacomo Casanova

Casanova, Giacomo – Chevalier de Seingalt: Geschichte meines Lebens. 12 Bücher in 4 Bänden. Hrsg. und eingeleitet von Erich Loos. Erstmals nach der Urfassung ins Deutsche übersetzt von Heinz von Sauter. Berlin, Propyläen 1964–67.
Casanova, Giacomo – Chevalier de Seingalt: Eduard und Elisabeth oder Die Reise in das Innere unseres Erdballs. Roman. 3 Bände. Hrsg. und eingeleitet von Erich Loos. Erstmals vollständig nach der Originalausgabe aus dem Französischen übersetzt von Heinz von Sauter. Berlin, Propyläen 1968–69.
Childs, J. Rives: Giacomo Casanova de Seingalt. Reinbek, Rowohlt 1980.
Kleßmann, Eckart: Ein Fest der Sinne. Casanova und sein Zeitalter. Düsseldorf/ Zürich, Artemis & Winkler 1998.

Goethe und Herder

Altenhöner, Ingrid: Die Sibylle als literarische Chiffre bei Johann Georg Hamann, Friedrich Schlegel, Johann Wolfgang Goethe. Europäische Hochschulschriften (Reihe 1, Band 1646). Frankfurt/M., Peter Lang 1997.
Goethe, Johann Wolfgang: Gedichte. Hamburger Ausgabe I. Hrsg. von Erich Trunz. München, Beck 1988.
Goethe, Johann Wolfgang: Iphigenie auf Tauris. Stuttgart, Reclam 1993.
Goethe, Johann Wolfgang: Italienische Reise. Hamburger Ausgabe XI. Hrsg. und kommentiert von Herbert von Einem. München, Beck 1993[5].
Goethe, Johann Wolfgang: Schriften zur Kunst. Schriften zur Literatur. Maximen und Reflexionen. Hamburger Ausgabe XII. München, Beck 1994.
Goethe, Johann Wolfgang: Wilhelm Meisters Wanderjahre. Hamburger Ausgabe VIII. München, Beck 1994.

Herder, Johann Gottfried: „Bloß für Dich geschrieben." Briefe und Aufzeichnungen über eine Reise nach Italien 1788/89. Hrsg. von Walter Dietze und Ernst Loeb. Berlin, Rütten & Loening 1980.

Herder, Johann Gottfried: Journal meiner Reise im Jahr 1769. Historisch-kritische Ausgabe. Hrsg. von Katharina Mommsen. Stuttgart, Reclam 1983.

Herder, Johann Gottfried: Werke in fünf Bänden. Ausgewählt und eingeleitet von Wilhelm Dobbek. Bibliothek Deutscher Klassiker. Weimar, Volksverlag 1963.

Kantzenbach, Friedrich Wilhelm: Johann Gottfried Herder. Reinbek, Rowohlt 2002[8].

Manthey, Jürgen: Die Unsterblichkeit Achills. Vom Ursprung des Erzählens. München, Hanser 1997.

Muschg, Adolf: Von einem, der auszog, leben zu lernen. Goethes Reisen in die Schweiz. Frankfurt/M., Suhrkamp 2004.

Schmidt, Arno: Herder oder vom Primzahl-Menschen. In: Ders.: Bargfelder Ausgabe, Werkgruppe II: Dialoge. Studienausgabe 2/1. Zürich, Haffmans 1990, S. 99–135.

Sophie von La Roche

Becker-Cantarino, Barbara, Gudrun Loster-Schneider: „Ach, wie wünschte ich mir Geld genug, um eine Professur zu stiften": Sophie von La Roche (1730–1807) im literarischen und kulturpolitischen Feld von Aufklärung und Empfindsamkeit. Marburg, A. Francke Verlag 2010.

La Roche, Sophie von: Geschichte des Fräuleins von Sternheim. Stuttgart, Reclam 2000.

La Roche, Sophie von: Lesebuch. Hrsg. von Helga Meise. Königstein/Ts., Helmer 2005.

La Roche, Sophie von: Reisetagebücher. Aufzeichnungen zur Schweiz, zu Frankreich, Holland, England und Deutschland. Ausgewählt und mit Einführungen versehen von Klaus Pott und Charlotte Nerl-Steckelberg. Bibliotheca suevica No. 21. Konstanz, Edition Isele 2006.

Meighörner, Jeannine: „Was ich als Frau dafür halte." Sophie von La Roche – Deutschlands erste Bestsellerautorin. Erfurt, Sutton 2006.

Heinrich Heine

Heine, Heinrich: Sämtliche Werke in drei Bänden (= Vollständige Ausgabe nach dem Text der J.G. Cottaschen Gesamtausgabe in 12 Bänden von 1886). Essen, Phaidon o. J.

Heine, Heinrich: Sämtliche Schriften. Sechs Bände. Hrsg. von Klaus Briegleb. München, Hanser 1968–76.

Liedtke, Christian: Heinrich Heine. Reinbek, Rowohlt 2006.
Sammons, Jeffrey L.: Heinrich Heine. Stuttgart, Metzler 1991.

Isabella Bird

Barr, Pat: A Curious Life For A Lady. The Story of Isabella Bird. London, Penguin 1986.
Bird, Isabella: Eine Lady in den Rocky Mountains. Aus dem Englischen übertragen und mit einem Nachwort versehen von Silvia Dörfle. Frankfurt/M. & Berlin, Ullstein 1989.

Rabindranath Tagore

Glasenapp, Helmuth von: Die Literaturen Indiens. Von ihren Anfängen bis zur Gegenwart. Stuttgart, Kröner 1961.
India Perspectives. Special Edition Rabindranath Tagore. Ed. and publ. for the Ministry of External Affairs, New Delhi, by Navdeep Suri. Vol. 24, No. 2/2010.
Kämpchen, Martin: Rabindranath Tagore. Reinbek, Rowohlt 1997[2].
Tagore, Rabindranath: Das goldene Boot. Lyrik, Prosa, Dramen. Hrsg. von Martin Kämpchen. Düsseldorf, Artemis & Winkler 2005.
Tagore, Rabindranath: Das zerstörte Nest. Zürich, Manesse 1989.
Tagore, Rabindranath: Gesammelte Werke. 8 Bände. Hrsg. von Heinrich Meyer-Benfey und Helene Meyer-Franck. München, Kurt Wolff 1921.
Selected Letters of Rabindranath Tagore. Ed. by Krishna Dutta & Andrew Robinson. Cambridge, University Press 1997.

Tania Blixen

Blixen, Tania: Briefe aus Afrika 1914–1931. Hrsg. und eingeleitet von Frans Lasson. Reinbek, Rowohlt 1993.
Blixen, Tania: Jenseits von Afrika. „Afrika, dunkel lockende Welt". Roman. Mit einem Nachwort von Jürg Glauser. München, Heyne 1999[22].
Brennecke, Detlef: Tania Blixen. Reinbek, Rowohlt 1996.
„... da und dort ein junges Deutschland gründen": Rassismus, Kolonien und kolonialer Gedanke vom 16. bis zum 20. Jahrhundert. Hrsg. von Horst Gründer. München, dtv 1999.

Ernest Hemingway

Hemingway, Ernest: Die grünen Hügel Afrikas. Reinbek, Rowohlt 1988.
Hemingway, Ernest: Die Nick Adams Stories. Reinbek, Rowohlt 1983.

Hemingway, Ernest: Die Wahrheit im Morgenlicht. Eine afrikanische Safari. Reinbek, Rowohlt 2001.
Hemingway, Ernest: Schnee auf dem Kilimandscharo. Sechs Stories. Reinbek, Rowohlt 1975.
Ortega y Gasset, José: Über die Jagd. Reinbek, Rowohlt 1957.
Rodenberg, Hans-Peter: Ernest Hemingway. Reinbek, Rowohlt 1999.

B. Traven

Das B. Traven Buch. Hrsg. von Johannes Beck, Klaus Bergmann und Heiner Boehncke. Reinbek, Rowohlt 1976.
Guthke, Karl S.: B. Traven. Biographie eines Rätsels. Zürich, Diogenes 1990.
Heidemann, Gerd: Postlagernd Tampico. Die abenteuerliche Suche nach B. Traven. München, Goldmann 1983.
Kluge, Ulrich: Die deutsche Revolution 1918/1919. Staat, Politik und Gesellschaft zwischen Weltkrieg und Kapp-Putsch. Moderne Deutsche Geschichte, Band 8. Hrsg. von Hans-Ulrich Wehler. Darmstadt, WBG 1997.
Traven, B.: Die Rebellion der Gehenkten. Roman. Zürich, Diogenes 1983.
Traven, B.: Das Totenschiff. Die Geschichte eines amerikanischen Seemanns. Reinbek, Rowohlt 1983.
Traven, B.: Land des Frühlings. Zürich, Diogenes 1984.

Hubert Fichte

Fichte, Hubert: Alte Welt. Glossen. Frankfurt/M., Fischer 1992.
Fichte, Hubert: Das Haus der Mina in Sao Luiz de Maranhao. Materialien zum Studium des religiösen Verhaltens. Frankfurt/M., Fischer 1989.
Fichte, Hubert: Die Schwarze Stadt. Glossen. Frankfurt/M., Fischer 1990.
Fichte, Hubert: „Ein Geschwür bedeckt das Land." Furcht und Elend der brasilianischen Republik. In: Der Spiegel, 5/1972, S. 72 ff.
Fichte, Hubert: Explosion. Roman der Ethnologie. Frankfurt/M., Fischer 1993.
Fichte, Hubert: Hamburg Hauptbahnhof. Register. Frankfurt/M., Fischer 1993.
Fichte, Hubert: Interviews aus dem Palais d'Amour. Reinbek, Rowohlt 1972.
Fichte, Hubert: Lazarus und die Waschmaschine. Kleine Einführung in die Afroamerikanische Kultur. Frankfurt/M., Fischer 1985.
Fichte, Hubert: Petersilie. Die afroamerikanischen Religionen IV. Santo Domingo. Venezuela. Miami. Grenada. Frankfurt/M., Fischer 1980.
Fichte, Hubert: Psyche. Glossen. Frankfurt/M., Fischer 1990.
Fichte, Hubert: Versuch über die Pubertät. Roman. Frankfurt/M., Fischer 1993.
Fichte, Hubert: Xango. Die afroamerikanischen Religionen II. Bahia. Haiti. Trinidad. Frankfurt/M., Fischer 1976.

Laemmle, Peter: Gespräch mit Hubert Fichte (Tondokument, Universität Hamburg. 2 Teile, 28. 10. 1980).

Lenin, W. I.: An A. M. Gorki. In: Ders.: Werke, Band 35: Februar 1912–Dezember 1922. Berlin, Dietz 1979⁶, S. 386–390.

Rieger, Michael: *Die Welt durch sich hindurch lassen*. Hubert Fichtes Werk als Medium ästhetischer Erkenntnis unter besonderer Berücksichtigung seiner literaturgeschichtlichen Kontexte. Frankfurt/M., Peter Lang 2009.

Peter Handke

Czernin, Franz Josef: *Die Wiederholung* und *Am Felsfenster morgens*. Zum Verhältnis von Erzählung und Weltanschauung bei Peter Handke. In: text + kritik. Zeitschrift für Literatur. Hrsg. von Heinz Ludwig Arnold. Heft 24: Peter Handke (6. Aufl., Neufassung Juni 1999), S. 36–50.

Handke, Peter: Aber ich lebe nur von den Zwischenräumen. Ein Gespräch, geführt von Herbert Gamper. Frankfurt/M., Suhrkamp 1990.

Handke, Peter: Am Felsfenster morgens (und andere Ortszeiten 1982–1987). München, dtv 2000.

Handke, Peter: Das Ende des Flanierens. Frankfurt/M., Suhrkamp 1982.

Handke, Peter: Der Chinese des Schmerzes. Frankfurt/M., Suhrkamp 1991.

Handke, Peter: Der kurze Brief zum langen Abschied. Frankfurt/M., Suhrkamp 1985.

Handke, Peter: Die Stunde der wahren Empfindung. Frankfurt/M., Suhrkamp 1985.

Handke, Peter: Gestern unterwegs. Aufzeichnungen November 1987 bis Juli 1990. Salzburg & Wien, Jung und Jung 2005.

Handke, Peter: Phantasien der Wiederholung. Frankfurt/M., Suhrkamp 1983.

Handke, Peter: Versuch über die Jukebox. Erzählung. Frankfurt/M., Suhrkamp 1990.

Bruce Chatwin

Chatwin, Bruce: Es ist eine nomadische Nomaden-Welt. Prospekt eines ungeschriebenen Buches (1970). In: Frankfurter Rundschau, 10. August 1996, Zeit und Bild, S. 3.

Chatwin, Bruce: In Patagonien. Reise in ein fernes Land. Reinbek, Rowohlt 1994.

Chatwin, Bruce: Traumpfade. Roman. Frankfurt/M., Fischer 1994.

Chatwin, Bruce: Was mache ich hier. Frankfurt/M., Fischer 1993.

Oppitz, Michael: Erinnerung an Bruce Chatwin. In: Lettre International 5 (Sommer 1989), S. 92–93.

Shakespeare, Nicholas: Bruce Chatwin. Eine Biographie. Reinbek, Rowohlt 2002.

Abbildungsverzeichnis